A Beginner's Course Book

gēn wǒ xué Hànyǔ

跟 我 学 汉语

zōnghé kèběn

综合 课本(二)

Chinese with Me
An Integrated Course Book (II)

王志刚　主编

沈　玮　编著

北京大学出版社

PEKING UNIVERSITY PRESS

图书在版编目（CIP）数据

跟我学汉语·综合课本（二）/王志刚主编. —北京：北京大学出版社，2008.3
（北大版对外汉语教材·短期培训系列）
ISBN 978-7-301-13519-8

Ⅰ. 跟… Ⅱ. 王… Ⅲ. 汉语–对外汉语教学–教材 Ⅳ. H195.4

中国版本图书馆 CIP 数据核字（2008）第 036665 号

书　　　名：跟我学汉语·综合课本（二）
著作责任者：王志刚　主编　沈　玮　编著
责 任 编 辑：李　凌
标 准 书 号：ISBN 978-7-301-13519-8/H·1959
出 版 发 行：北京大学出版社
地　　　址：北京市海淀区成府路 205 号　100871
网　　　址：http://www.pup.cn
电　　　话：邮购部 62752015　发行部 62750672　编辑部 62754144　出版部 62754962
电 子 邮 箱：zpup@pup.pku.edu.cn
印 　刷 　者：北京大学印刷厂
经 销 　者：新华书店
　　　　　　　880 毫米×1230 毫米　大 16 开本　11.75 印张　380 千字
　　　　　　　2008 年 3 月第 1 版　2008 年 3 月第 1 次印刷
定　　　价：49.00 元（含 1 张 MP3 光盘）

前　言

《跟我学汉语·综合课本》(*Chinese with Me: An Integrated Course Book*)，分两册。这套教材反映了我们这几年的"序向"教学理念。

在北大出版社各位领导的支持下，尤其是在沈浦娜主任的关心和帮助下，在李凌老师的具体指导下，在许多关心这套教材的专家、同行的支持下，经过多年试用的这套"序向"教材终于正式面世，我们十分欣慰。

这套教材主要面向母语为印欧语系等的学习者，在语言习得过程中，和任何外语学习者一样，他们的认知系统从自己的母语向汉语迁移时，也常常下意识地拿自己的母语和汉语加以比较，尤其是在语序结构上，而唯一不能比较的就是"汉字"。由此我们得到两条线索：

1. 母语和目的语离开文字是容易比较的，其迁移是言语层面上的迁移。所以，采用"听说先行"的策略是很自然的。这就是我们认为的语言习得的顺序性。

2. 从拼音文字性质的母语向汉字"迁移"，这是迁移的方向性。因此，对初学者先借用汉语拼音作为媒介进行教学是适当的，汉字的教学安排可以适当后移。教材应该按照学习者的习得规律来编写。我们把考虑习得的顺序性和方向性的教材称之为"序向"教材。

通过调查，我们发现许多母语为拼音文字的学生在最初学习汉语时，往往对汉字有一种恐惧心理。对于笔画复杂的汉字他们感到难以记忆，无从下笔。因此，教学开始阶段较多地使用汉语拼音，不失为一种很好的选择，可以帮助学生克服对汉字的恐惧心理，迅速获得汉语的听说能力。当学生的汉语听说能力达到一定水平，能够用汉语进行简单交流时，他们的自信心会提高，对汉语的学习兴趣也会越来越浓；同时，随着汉语水平的提高，他们遇到的同音异形的字词也会越来越多，这些都会促使他们去学习汉字。所以，开始阶段以汉语拼音为媒介的汉语教学并不完全排斥汉字，只是按照"序向"规律，将汉字学习阶段加以调整罢了。

语言习得是习得"使用语言的能力"，而不仅仅是学习"语言知识"。序向教材一般按照语言功能分类，以话题为基本单位，给不同水平的学习者尽可能多的选择机会。我们在教材编写过程中，以从功能出发的话题为基础，先易后难，循序渐进，最终达到所学话题满足各种实际功能需要的目的。

工具性是语言最基本的特点。然而，在实际教学中，语言的工具性特点往往被忽略。事实上，大部分外国人学习汉语的目的并不是为了做汉语学术研究，而是为了实际生活和工作方便。这套教材的出发点是为了让外国学生掌握语言技能，可以尝试采用非传统的教学方法教学，怎样便于外国学生熟练地应用汉语就怎样教，不必拘泥于传统的教条。

汉语国际推广，人人有责。汉语作为外语的教学方法当然是仁者见仁，智者见智，但愿我们的"序向"教材能起到抛砖引玉的作用。不足之处，欢迎大家批评指正。

王志刚

2007年11月于上海

教材说明

　　本教材采用全新的"序向"教学理念,教学内容全部配有拼音,教学语料鲜活实用、易学易教,练习形式多样、内容丰富,突出了语言教学功能性、工具性的特点,可以使学生在学习中兴更浓趣更永。"听说先行,读写挪后"的安排和汉英对比的语言点讲解更有助于学生学习。

　　本教材可用于常规课堂教学,也可用于短期强化教学。全书共 30 个单元,分两册,每册各 15 个单元。学完全部内容,每册约需 120—150 课时。两册各单元的体例和特点大致如下:

　　1. 重点句:在每课最前面的方框中列出,并给出英语译文或汉语拼音。

　　2. 课文:基本上每课一个情景,包含特定功能。课文分成 2—4 个部分,以情景对话为主,也有小段的叙述性文字。

　　3. 课文生词语:除了传统的英文释义,部分生词还简单地介绍用法和搭配,并配有例子,较难例词例句提供英译。有些生词的用法在后面单元中详述的,注明了详述的具体单元。部分多音节词中的成词语素也一并列出并释义,便于学生了解汉语构词规律。如"出租车"一词,在其下方还给出"租"和"车"的释义。

　　4. 补充词汇与短语(部分单元有):给出了和本单元情景相关的有用词汇和句型,便于学有余力的学生扩大词汇量,提高表达能力。

　　5. 语言点:许多语言点不是直接灌输给学生,而是引导学生通过分析例句,自己总结出语法规律。大量实用的例句使学生在发现语法规律的同时也获得了能够拿来就用的表达方式,较难例句提供英译。

　　6. 练习:量大,形式多样。既有语言知识的练习,如,替换、搭配、连词成句、填空、用疑问词提问、翻译等;也有语言能力和综合运用的练习,如,回答问题、听一听、说一说、读一读、写一写等。凡课文生词语中的例词例句、补充词汇与短语、语言点中的例句以及练习中出现的生词均有英译,可在附录的词汇总表中查找并以浅色标注,与课文生词语相区别。

　　一册在 15 个单元前有汉语发音介绍,其中例词、例句绝大多数来自该册课文。一册的部分单元有"文化提示",给出了和该单元情景相关的文化背景知识或交际技巧。

　　二册编写了不少与各单元情景相关的汉语俗语和小笑话,使学生在学习语言的同时了解相关的文化知识和思维方式。

　　在两册书后各有附录若干,收入了常用量词,数字的表达,时间和日期的表达,听力练习文本和词汇总表。随书附有 MP3 光盘,收入课文录音和课后听力练习录音,一册的光盘中还收入了发音练习的录音和生词总表的 PowerPoint 文件,为学习者学习发音和生词提供方便。

编者

Contents

目　录

I

Unit 16

Meeting New Friends

yùjiàn xīn péngyou
遇见 新 朋友

1. Nǐ shì yí ge rén lái de ma?	你是一个人来的吗?
2. Wǒ yìbiān gōngzuò yìbiān xuéxí.	我一边工作一边学习。
3. Dōu shí'èr diǎn le.	都十二点了。
4. Wǒmen yě gāi zǒu le.	我们也该走了。
5. Yīnwèi xiǎng liǎojiě Zhōngguó de fǎlǜ, suǒyǐ tā kāishǐ xuéxí Hànyǔ.	因为想了解中国的法律,所以她开始学习汉语。

kèwén (Text)

（I）

(Xīngqīsān wǎnshang, zài jiǔbā)

Bèixī:　Nǐ hǎo, Mǎkè.

Mǎkè:　Nǐ hǎo. Nǐ shì…?

Bèixī:　Wǒ shì Bèixī, Dàwèi de péngyou, shàng ge xīngqī wǒmen zài Dàwèi jiā jiànguò, nǐ wàngle ma?

Mǎkè:　Ò, duì duì duì.

Bèixī:　Nǐ shì yí ge rén lái de ma?[1]

Mǎkè:　Bú shì, wǒ shì hé yí ge Zhōngguó péngyou yìqǐ lái de. Tā qù xǐshǒujiān le, děng tā huílái, wǒ jièshào nǐmen rènshi.

Bèixī:　Hǎo.

Mǎkè:　Nǐ kàn, shuō Cáo Cāo, Cáo Cāo dào. Dàmíng, gěi nǐ jièshào yí ge xīn péngyou, zhè shì Bèixī, Yīngguórén. Bèixī, zhè jiù shì wǒ de Zhōngguó péngyou Lǐ Dàmíng.

Lǐ Dàmíng: Nǐ hǎo! Hěn gāoxìng rènshi nǐ!

Bèixī: Wǒ yě shì.

Lǐ Dàmíng: Nǐ shì shénme shíhou lái Shànghǎi de?

Bèixī: Wǒ shì qùnián jiǔyuè lái de.

Lǐ Dàmíng: Nǐ shì lái Shànghǎi xuéxí Hànyǔ de ma?

Bèixī: Bù wánquán shì. Wǒ yìbiān gōngzuò yìbiān xuéxí.[2] Wǒ shì lǜshī, xiànzài wǒ xiǎng liǎojiě Zhōngguó de fǎlǜ, suǒyǐ xuéxí Hànyǔ hěn zhòngyào.

Lǐ Dàmíng: Nǐ de Hànyǔ tǐng hǎo de.

Bèixī: Nǎli, nǎli.[3] Hái hěn bú gòu ne.

Mǎkè: Dàmíng shì wǒ de Hànyǔ fǔdǎo lǎoshī, yǐhòu nǐ yǒu shénme wèntí kěyǐ wèn tā.

Bèixī: **(Duì Dàmíng)** Zhēnde ma?

Lǐ Dàmíng: Dāngrán kěyǐ.

Bèixī: Nà tài hǎo le!

(Guòle yíhuìr)

Bèixī: **(Kànle yíxiàr biǎo)** Yō, dōu shí'èr diǎn le.[4] Duìbuqǐ, wǒ xiān zǒu le.

Mǎkè:
Lǐ Dàmíng: Wǒmen yě gāi zǒu le.[5]

Lǐ Dàmíng: **(Duì Bèixī)** Wǒmen shì kāi chē lái de, sòng nǐ ba.

Bèixī: Xièxie.

(II)

　　Bèixī shì Yīngguórén. Tā shì qùnián jiǔyuè lái Shànghǎi de. Tā shì lǜshī. Lái Shànghǎi yǐhòu, yīnwèi xiǎng liǎojiě Zhōngguó de lìshǐ、wénhuà hé fǎlǜ, suǒyǐ tā kāishǐ xuéxí Hànyǔ.[6] Cóng xīngqīyī dào xīngqīwǔ, tā měi tiān shàngwǔ zài dàxué xuéxí, xiàwǔ qù gōngsī gōngzuò. Yìbiān gōngzuò yìbiān xuéxí Hànyǔ fēicháng lèi. Yǒushíhou, wǎnshang tā qù jiǔbā fàngsōng yíxià. Jīntiān wǎnshang, tā zài jiǔbā rènshile yí ge xīnpéngyou Lǐ Dàmíng. Lǐ Dàmíng shì Mǎkè de hǎopéngyou, yě shì tā de Hànyǔ fǔdǎo lǎoshī. Lǐ Dàmíng shuō Bèixī yǒu wèntí kěyǐ wèn tā. Bèixī tīngle yǐhòu fēicháng gāoxìng.

课　文

（一）

（星期三晚上,在酒吧）

贝　西：你好,马克。

马　克：你好。你是……?

贝　西：我是贝西,大卫的朋友,上个星期我们在大卫家见过,你忘了吗?

马　克：哦,对对对。

贝　西：你是一个人来的吗?¹

马　克：不是,我是和一个中国朋友一起来的。他去洗手间了,等他回来,我介绍你
　　　　们认识。

贝　西：好。

马　克：你看,说曹操,曹操到。大明,给你介绍一个新朋友,这是贝西,英国人。贝
　　　　西,这就是我的中国朋友李大明。

李大明：你好! 很高兴认识你!

贝　西：我也是。

李大明：你是什么时候来上海的?

贝　西：我是去年九月来的。

李大明：你是来上海学习汉语的吗?

贝　西：不完全是。我一边工作一边学习。²我是律师,现在我想了解中国的法律,所
　　　　以学习汉语很重要。

李大明：你的汉语挺好的。

贝　西：哪里,哪里。³还很不够呢。

马　克：大明是我的汉语辅导老师,以后你有什么问题可以问他。

贝　西：(对大明)真的吗?

李大明：当然可以。

贝　西：那太好了!

(过了一会儿)

贝　西：(看了一下儿表)哟,都十二点了。⁴对不起,我先走了。

马　克：
　　　　我们也该走了。⁵
李大明：

李大明：(对贝西)我们是开车来的,送你吧。

贝　西：谢谢。

(二)

　　　　贝西是英国人。她是去年九月来上海的。她是律师。来上海以后,因为想了解中国的历史、文化和法律,所以她开始学习汉语。⁶从星期一到星期五,她每天上午在大学学习,下午去公司工作。一边工作一边学习汉语非常累。有时候,晚上她去酒吧放松一下。今天晚上,她在酒吧认识了一个新朋友李大明。李大明是马克的好朋友,也是他的汉语辅导老师。李大明说贝西有问题可以问他。贝西听了以后非常高兴。

Vocabulary (生词语)

1. 贝西	Bèixī	*PN*	name (of a person)
2. 大卫	Dàwèi	*PN*	name (of a person)
3. 忘	wàng	*v.*	to forget
4. 英国	Yīngguó	*PN*	England
5. 完全	wánquán	*adj. & adv.*	complete; completely
6. 一边	yìbiān	*adv.*	at the same time, simultaneously

Usage: see Language Points

7. 工作	gōngzuò	*n. & v.*	job, work; to work
8. 学习	xuéxí	*n. & v.*	learning, study; to learn, to study
9. 律师	lǜshī	*n.*	lawyer
10. 了解	liǎojiě	*v.*	to know well
11. 法律	fǎlǜ	*n.*	law
12. 所以	suǒyǐ	*conj.*	therefore

Usage: see Language Points

13. 重要	zhòngyào	*adj.*	important
14. 挺	tǐng	*adv.*	quite

Usage: 挺 + *adj.* + 的

e.g.
Jīntiān tǐng lěng de.
今天 挺 冷 的。 It is quite cold today.

Hànyǔ tǐng nán de.
汉语 挺 难 的。 Chinese is quite difficult.

15. 辅导	fǔdǎo	*n. & v.*	tutor; to tutor
16. 表	biǎo	*n.*	a watch
17. 送	sòng	*v.*	to see somebody off
18. 历史	lìshǐ	*n.*	history
19. 文化	wénhuà	*n.*	culture
20. 从…… 到……	cóng... dào...		from... to...

Usage: It indicates a period of time or a distance.

e.g.
cóng jiǔ diǎn dào shí'èr diǎn
从 九 点 到 十 二 点 from 9 to 12

cóng zhèli dào nàli
从 这里 到 那里 from here to there

21. 公司	gōngsī	*n.*	company
22. 累	lèi	*adj.*	tired
23. 有时候	yǒushíhou	*adv.*	sometimes, occasionally

24. 放松   fàngsōng   *v.*   to relax

Useful Words & Expressions (补充词汇与短语)

1. 厨师	chúshī	*n.*	chet
2. 工程师	gōngchéngshī	*n.*	engineer
3. 公务员	gōngwùyuán	*n.*	official
4. 护士	hùshì	*n.*	nurse
5. 画家	huàjiā	*n.*	painter
6. 经理	jīnglǐ	*n.*	manager
7. 司机	sījī	*n.*	driver
8. 医生	yīshēng	*n.*	doctor
9. 职员	zhíyuán	*n.*	employee, staff
10. 作家	zuòjiā	*n.*	writer

Language Points (语言点)

1. **Emphasis pattern**(强调结构)：是······的

   ✻ Please compare: (请比较)

Nǐ shénme shíhou qù kàn bǐsài? A: 你 什么 时候 去 看 比赛？	Nǐ shì shénme shíhou qù kàn bǐsài de? A: 你 是 什么 时候 去 看 比赛 的？
Wǒ xià ge xīngqī qù kàn bǐsài B: 我 下 个 星期 去 看 比赛。	Wǒ shì shàng ge xīngqī qù kàn bǐsài de. B: 我 是 上 个 星期 去 看 比赛 的。

   Can you find the difference between using and not using "emphasis pattern"?(你能找出使用和不使用这个强调结构的区别吗？)

   Write your explanation here: (把你的发现写在这里)

   _____

   _____

   _____

   The emphasis pattern "是······的" is usually used to emphasize the time, place, person, manner and purpose of past events. The word "是" is placed before the emphatic part, and

de
"的" is placed at the end of the sentence. (强调结构"是……的"用来强调过去发生的事情的时间、地点、人物、方式或目的。"是"放在要强调的部分前面,"的"一般放在句子末尾)

The affirmative form (肯定句):
$$S + (是) + \text{emphatic part} + V + 的$$
shì　　　　　　　　　de

The negative form (否定句):
$$S + (不\ 是) + \text{emphatic part} + V + 的$$
bú　shì　　　　　　　　　de

The question form (疑问句):
$$S + (是) + \text{emphatic part} + V + 的 + 吗$$
shì　　　　　　　　　de　ma

e.g. (1) A: 你 是 什么 时候 去 看 比赛(match) 的? (emphasize time 强调时间)
　　　　Nǐ shì shénme shíhou qù kàn bǐsài de?
　　　　B: 我们 是 上 星期六 去 的。
　　　　Wǒmen shì shàng xīngqīliù qù de.

(2) A: 你 是 在 哪里 看 比赛 的? (emphasize place 强调地点)
　　　Nǐ shì zài nǎli kàn bǐsài de?
　　　B: 我 是 在 上海 体育场(stadium) 看 的。
　　　Wǒ shì zài Shànghǎi Tǐyùchǎng kàn de.

(3) A: 你 是 和 谁 一起 去 看 比赛 的? (emphasize person 强调人物)
　　　Nǐ shì hé shuí yìqǐ qù kàn bǐsài de?
　　　B: 我 是 和 我 的 女朋友 一起 去 的。
　　　Wǒ shì hé wǒ de nǚpéngyou yìqǐ qù de.

(4) A: 你们 是 怎么 去 的? (emphasize manner 强调方式)
　　　Nǐmen shì zěnme qù de?
　　　B: 我们 是 自己 开 车 去 的。
　　　Wǒmen shì zìjǐ kāi chē qù de.

(5) 我 是 来 上海 学习 汉语 的。 (emphasize purpose 强调目的)
　　Wǒ shì lái Shànghǎi xuéxí Hànyǔ de.

de
If a verb takes an object, the object can be placed after "的". (如果动词带宾语,"的"也可以放在动词之后,宾语之前)

e.g. 我们 是 上 星期六 去 看 比赛 的。
Wǒmen shì shàng xīngqīliù qù kàn bǐsài de.
= 我们 是 上 星期六 去 看 的 比赛。
Wǒmen shì shàng xīngqīliù qù kàn de bǐsài.

2. **Sentence pattern**(句型): 一边……一边……
yìbiān　　yìbiān

$$一边 + V_1 + 一边 + V_2$$
yìbiān　　yìbiān

This pattern indicates two actions taking place simultaneously. (这个句型表示两个动作同时进行)

e.g. (1) Bèixī yìbiān gōngzuò yìbiān xuéxí Hànyǔ.
　　　　 贝西 一边 工作 一边 学习 汉语。

　　　 (2) Wǒ xǐhuan yìbiān chī wǎnfàn yìbiān kàn diànshì.
　　　　 我 喜欢 一边 吃 晚饭 一边 看 电视。

　　　 (3) Bú yào yìbiān chī fàn yìbiān shuō huà.
　　　　 不 要 一边 吃 饭 一边 说 话。

3. nǎli, nǎli
　　 哪里, 哪里
　　 nǎli

Here "哪里" doesn't mean "where". It is a modest way in Chinese. A traditional Chinese will respond modestly, instead of saying "thank you", when someone praises him. (这里的"哪里"不是询问地点,而是一种谦虚的说法。传统的中国人在被别人夸奖时一般不回答"谢谢",而是谦虚地说"哪里哪里")

4. **Sentence pattern(句型):** dōu ...... le
　　　　　　　　　　　　　 都 ...... 了

┌─────────────────────────┐
│ dōu   le   │
│ 都 + time word + 了   │
└─────────────────────────┘

The word "都" is placed before time, and the "了" is placed at the end of the sentence. This pattern indicates that the time is really long or late. ("都"放在表示时间的词语前面,"了"放在句子末尾。这个句型强调时间很长或很晚)

e.g. (1) Dōu shí'èr diǎn le.
　　　　 都 十二 点 了。

　　　 (2) Wǒmen rènshi dōu shí nián le.
　　　　 我们 认识 都 十 年 了。

　　　 (3) Tā dōu sān suì le, hái bú huì shuō huà.
　　　　 他 都 三 岁 了,还 不 会 说 话。

5. **Sentence pattern(句型):** gāi ...... le
　　　　　　　　　　　　　 该 ...... 了

┌─────────────────────────┐
│ gāi   le   │
│ 该 + V (+O)+ 了   │
└─────────────────────────┘

The word "该" is placed before a verb, and "了" is placed at the end of the sentence. This pattern indicates "it is the time to do something". ("该"放在动词前面,"了"放在句子末尾。这个句型表示"应该是做某事的时间了")

e.g. (1) Wǒmen yě gāi zǒu le.
　　　　 我们 也 该 走 了。

　　　 (2) Gāi shuì jiào le.
　　　　 该 睡 觉 了。

　　　 (3) Bié kàn diànshì le, gāi zuò zuòyè le.
　　　　 别 看 电视 了,该 做 作业(homework) 了。

6. **The paired conjunctions**(关联结构): 因为……,所以……

> yīnwèi　　　　　suǒyǐ
> 因为 + reason, 所以 + result

"因为……,所以……" is used to connect two clauses. The "因为" clause shows the reason, and the "所以" clause shows the result. You may say the result first, and then the structure will be: result, 因为 + reason . ("因为……所以……"可用来连接两个分句。"因为"表示原因,"所以"表示结果。也可以先说结果,然后用"因为"引出原因)

e.g.
(1) 因为 想 了解 中国 的 法律,所以 她 开始 学习 汉语。
Yīnwèi xiǎng liǎojiě Zhōngguó de fǎlǜ, suǒyǐ tā kāishǐ xuéxí Hànyǔ.

(2) 因为 堵 车(to have a traffic jam),所以 迟到 了。
Yīnwèi dǔ chē, suǒyǐ chídào le.

(3) 因为 生 病(to fall ill),所以 不 能 去 学校 上 课。
Yīnwèi shēng bìng, suǒyǐ bù néng qù xuéxiào shàng kè.

(4) 他 的 汉语 说 得 很 好,因为 他 常常 跟 中国 人 聊 天儿(to chat)。
Tā de Hànyǔ shuō de hěn hǎo, yīnwèi tā chángcháng gēn Zhōngguó rén liáo tiānr.

Chinese idiom (汉语俗语)

说 曹操,曹 操 到。
Shuō Cáo Cāo, Cáo Cāo dào.

Cáo Cāo is a famous person in Chinese history. This idiom means: someone appears when you are talking about him. In English, there is a similar idiom "Talk of the devil and he will appear". (曹操是中国历史上一个有名的人物。这个俗语表示当谈论某人时,某人正巧出现。英语中有类似的俗语)

Exercises (练习)

1. Word extension (词语扩展)

例: 从 星期一 到 星期五
　　cóng xīngqīyī dào xīngqīwǔ

cóng　　　 dào
从 _____ 到 _____

cóng　.　　dào
从 _____ 到 _____

cóng   dào
从 ＿＿＿＿ 到 ＿＿＿＿

cóng   dào
从 ＿＿＿＿ 到 ＿＿＿＿

2. Connection (连线)

lái   Shànghǎi
来   上海

jièshào   Hànyǔ
介绍   汉语

liǎojiě   chē
了解   车

wèn   péngyou
问   朋友

xuéxí   Zhōngguó
学习   中国

kāi   wèntí
开   问题

3. Choose the right words to fill in the blanks (选择正确的词语填空)

wánquán   fàngsōng   zhòngyào   sòng
完全   放松   重要   送

Míngtiān wǒ de bàba māma huí guó, wǒ yào qù jīchǎng   tāmen.
(1) 明天 我 的 爸爸 妈妈 回 国, 我 要 去 机场(airport) 送 他们。

Bié jǐnzhāng,   jīntiān de kǎoshì   bù nán, dàjiā   yìdiǎnr.
(2) 别 紧张(nervous),今天 的 考试(examination) 不 难, 大家 放松 一点儿。

Zhège zhōumò wǒ yào cānjiā   yí ge fēicháng   de huì.
(3) 这个 周末 我 要 参加(to participate) 一 个 非常 重要 的 会。

Wǒ   wàngle míngtiān yǒu kǎoshì.
(4) 我 完全 忘了 明天 有 考试。

zhīdao   rènshi   liǎojiě
知道   认识   了解

nǐ bàba de shíhou, wǒ èrshí suì.
(5) 认识 你 爸爸 的 时候, 我 二十 岁。

Wǒmen yǐjīng 认识 hěn duō nián le, dànshì wǒ háishì bú tài 了解 tā.
(6) 我们 已经 ~~知道~~ 很 多 年 了,但是 我 还是 不 太 了解 她。

Nǐ   míngtiān wǒmen bú shàng kè ma?
(7) 你 知道 明天 我们 不 上 课 吗?

Nǐ yīnggāi qù 了解 yíxià xiànzài de qíngkuàng.
(8) 你 应该 去 ~~知道~~ 一下 现在 的 情况 (situation)。

4. Complete the following sentences with the given words (用所给词语完成下列句子)

Jīntiān zǎoshang nǐ shì zěnme lái xuéxiào de?
(1) A: 今天 早上 你 是 怎么 来学校 的?

B: 今天早上我是走^路来学校的。_____。(是……的)

Chī wǎnfàn   de shíhou, wǒ xǐhuan   *yìbiān   yìbiān*
(2) 吃 晚饭 的 时候，我 喜欢 一边吃饭一边聊天儿。(一边……一边……)

                                          wǒ xiān zǒu le.   dōu   le
(3) 若十点了_____，我 先 走了。(都……了)

      Hěn wǎn le,   *gāi   le*
(4) 很 晚 了，你们该睡觉了_____。(该……了)

                                          suǒyǐ   wǒ chídào le.   yīnwèi
(5) 因为我忘了我的课本_____，所以 我 迟到 了。(因为……)

5. Answer the questions according to the text (根据课文内容回答问题)

Bèixī shì zài nǎli rènshi Lǐ Dàmíng de?
(1) 贝西 是 在 哪里 认识 李 大明 的？

Shì shuí jièshào Bèixī rènshi Lǐ Dàmíng de?
(2) 是 谁 介绍 贝西 认识 李 大明 的？

Bèixī shì shénme shíhou lái Shànghǎi de?
(3) 贝西 是 什么 时候 来 上海 的？

Bèixī shì lái Shànghǎi xuéxí Hànyǔ de ma?
(4) 贝西 是 来 上海 学习 汉语 的 吗？

Bèixī shì zěnme cóng jiǔbā huí jiā de?
(5) 贝西 是 怎么 从 酒吧 回家 的？

6. Listening comprehension (听力理解)

Vocabulary (生词)

朱丽	Zhū Lì	*PN*	name (of a person)
新加坡	Xīnjiāpō	*PN*	Singapore
舞厅	wǔtīng	*n.*	ballroom
陪	péi	*v.*	to accompany
乱	luàn	*adj.*	messy

Zhū Lì
Fill in the form about "朱 丽" (听后填表)

guójí 国籍 (nationality)	*zhíyè* 职业 (vocation)	*niánlíng* 年龄 (age)	*wàimào* 外貌 (appearance)	*àihào* 爱好 (hobby)
英国人	律师	年轻	漂亮 黄色的头发 棕色的眼睛	(1) 网球 (2) 听音乐 (3) 跳舞

Answer the following questions (回答下列问题)

(1) "Wǒ" hé Zhū Lì shì zěnme rènshi de?
    "我"和 朱 丽 是 怎么 认识 的？

(2) "Wǒ" zuò shénme gōngzuò?
    "我" 做 什么 工作？

(3) Zhū Lì de Zhōngwén zěnmeyàng? Wèi shénme?
    朱 丽 的 中文 怎么样？ 为 什么？

(4) Wèi shénme "wǒ" bù xǐhuan qù Zhū Lì de jiā?
    为 什么 "我" 不 喜欢 去 朱 丽 的 家？

(5) Zhū Lì xiǎng shénme shíhou huí guó? Wèi shénme?
    朱 丽 想 什么 时候 回国？ 为 什么？

7. Group task (小组活动)

(1) Xiàng nǐ de xīn tóngxuémen jièshào nǐ zìjǐ.
    向 你 的 新 同学们 介绍 你 自己。

(Introduce yourself to your new classmates.)

(2) Yòng qiángdiào jùshì wèn nǐ de tóngzhuō wǔ ge wèntí.
    用 强调 句式 问 你 的 同桌 5 个 问题。

(Ask your partner 5 questions with emphasis pattern.)

Nǐ shì shénme shíhou kāishǐ xuéxí Hànyǔ de?
例如: 你 是 什么 时候 开始 学习 汉语 的？

(For example: When did you begin to learn Chinese?)

8. Writing (写写看)

Gěi nǐ de jiārén huòzhě péngyou xiě yì fēng xìn, jièshào nǐ xīn rènshi de tóngxué.
给 你 的 家人 或者 朋友 写 一 封 信，介绍 你 新 认识 的 同学。

(Write a letter to your family member or friend to introduce your new classmates.)

9. Joke (笑话)

Yǒu yí ge lǜshī, tā bàngōngshì de zhuōzi shàng fàngzhe yí ge páizi,
有 一 个 律师，他 办公室(office) 的 桌子 上 放着 一 个 牌子(sign)，
shàngmian xiězhe: "huídá yí ge wèntí yìbǎi kuài." Yǒu ge tàitài lái zhǎo lǜshī, kànjiàn zhège
上面 写着："回答 一 个 问题 100 块。"有 个 太太 来 找 律师，看见 这个
páizi, wèn tā: "huídá yí ge wèntí zhēnde yào yìbǎi kuài qián ma?" Lǜshī huídá shuō: "shì
牌子，问 他："回答 一 个 问题 真的 要 100 块 钱 吗？"律师 回答 说："是
de qǐng wèn dì-èr ge wèntí ba."
的，请 问 第二 个 问题 吧。"

Unit 17

Talking about Weather

tán tiānqì
谈 天气

---

1. Jīntiān zhēn lěng a!
2. Lěng kōngqì lái le.
3. Qìwēn bǐ zuótiān dī hěn duō.
4. Míngtiān háishì xià yǔ, qìwēn huì gèng dī.
5. Wǒ háishì xǐhuan Shànghǎi de qiūtiān.

今天真冷啊！
冷空气来了。
气温比昨天低很多。
明天还是下雨,气温会更低。
我还是喜欢上海的秋天。

---

kèwén (Text)

(I)

Mǎkè:	Jīntiān zhēn lěng a!¹
Lǐ Dàmíng:	Shì a. Tiānqì yùbào shuō, lěng kōngqì lái le, háiyào xià yǔ, qìwēn bǐ zuótiān dī hěn duō.²
Mǎkè:	Míngtiān ne?
Lǐ Dàmíng:	Míngtiān háishì xià yǔ, qìwēn huì gèng dī. Tīngshuō zhōumò yǒu kěnéng xià xuě ne.
Mǎkè:	Shànghǎi de dōngtiān zǒngshì zhèyàng ma?³ Hū lěng hū rè de, hái chángcháng xià yǔ?
Lǐ Dàmíng:	Jīnnián de tiānqì bú tài zhèngcháng.
Mǎkè:	Wǒ de hěn duō péngyou dōu gǎnmào le.
Lǐ Dàmíng:	Zhèyàng de tiānqì hěn róngyì gǎnmào, yídìng yào zhùyì shēntǐ a!
Mǎkè:	Xièxie, wǒ huì de. Xià xīngqī wǒ hé péngyou qù Hā'ěrbīn kàn bīngdēng, bù zhīdao nàli de tiānqì zěnmeyàng?
Lǐ Dàmíng:	Wǒ qùguo Hā'ěrbīn, dōngtiān nàli de

p)ngjūn qìwēn shì líng xià èrshí shèshì dù. Búguò, běifāng de qìhòu bǐ Shànghǎi gānzào,   érqiě fángjiān li dōu yǒu nuǎnqì, fǎn'ér gǎnjué bú tài lěng.⁴ Nǐ qùle jiù zhīdao le.

Mǎkè: Wǒ háishì xǐhuan Shànghǎi de qiūtiān,⁵ bù lěng bú rè, fēi-cháng shūfu.

Lǐ Dàmíng: Wǒ yě shì. Qiūtiān,   chángcháng néng kànjiàn lánlán de tiānkōng, bú xiàng xiànzài tiānkōng zǒngshì huīsè de.

（II）

Shànghǎi shì Zhōngguó dōngbù de yánhǎi chéngshì. Sìjì fēnmíng. Dōng xià jiào cháng, chūn qiū jiào duǎn,   dōngtiān yuē yǒu yìbǎi èrshíliù tiān, xiàtiān yuē yǒu yìbǎi yīshí tiān,   chūn qiū liǎng jì xiāng jiā yuē yìbǎi sānshí tiān.

Shànghǎi de nián píngjūn qìwēn shíliù shèshìdù zuǒyòu. qī-bā yuè qìwēn zuì gāo, yuè píngjūn qìwēn yuē èrshíbā shèshìdù; yīyuè zuì dī, yuè píngjūn qìwēn yuē sì shèshìdù.

Shànghǎi de nián píngjūn jiàngshuǐliàng zài yìqiān èrbǎi háomǐ zuǒyòu, dàn yì nián zhōng bǎi fēnzhī liùshí de jiàngshuǐ jízhōng zài wǔ dào shí yuè.

Shànghǎi de xiàtiān bǐjiào cháoshī, dōngtiān hěn shǎo xià xuě.

东京
纽约
上海
北京

课 文

（一）

马　克：今天真冷啊！¹

李大明：是啊。天气预报说,冷空气来了,还要下雨,气温比昨天低很多。²

马　克：明天呢？

李大明：明天还是下雨,气温会更低。听说周末有可能下雪呢。

马　克：上海的冬天总是这样吗？³忽冷忽热的,还常常下雨？

李大明：今年的天气不太正常。

马　克：我的很多朋友都感冒了。

李大明：这样的天气很容易感冒,一定要注意身体啊！

马　克：谢谢,我会的。下星期我和朋友去哈尔滨看冰灯,不知道那里的天气怎么样？
　　　　　　　　　　　　　　　　　　　Hā'ěrbīn

李大明：我去过哈尔滨,冬天那里的平均气温是零下 20 摄氏度。不过,北方的气候比上海干燥,而且房间里都有暖气,反而感觉不太冷。⁴你去了就知道了。

马　克：我还是喜欢上海的秋天,⁵不冷不热,非常舒服。

李大明：我也是。秋天,常常能看见蓝蓝的天空,不像现在天空总是灰色的。

(二)

shanghai is Chinas eastern coastal city.
dong bu
eastern

上海是中国东部的沿海城市。四季分明。冬夏较长,春秋较短,冬天约有 126 天,夏天约有 110 天,春、秋两季相加约 130 天。

上海的年平均气温 16 摄氏度左右。七八月气温最高,月平均气温约 28 摄氏度; 1 月最低,月平均气温约 4 摄氏度。
about *avg temp about*

上海的年平均降水量在 1200 毫米左右,但一年中 60% 的降水集中在 5 到 10 月。

上海的夏天比较潮湿,冬天很少下雪。

Vocabulary (生词语)

1.	冷	lěng	*adj.*	cold
2.	天气	tiānqì	*n.*	weather
3.	预报	yùbào	*n.*	forecast
4.	空气	kōngqì	*n.*	air
5.	下雨	xià yǔ	*VO*	to rain
6.	气温	qìwēn	*n.*	weather temperature
7.	比	bǐ	*prep.*	compare to (used in comparison sentences)

Usage: see Language Points

8.	低	dī	*adj.*	low
9.	雪	xuě	*n.*	snow
10.	冬天	dōngtiān	*n.*	winter
11.	总是	zǒngshì	*adv.*	always

Usage: see Language Points

12.	这样	zhèyàng	*pron.*	so, such, like this, this way

Usage: can be used before a verb

zhèyàng zuò
e.g. 这样 做   do like this
zhèyàng shuō
这样 说   say like this

13.	忽 A 忽 B	hū A hū B	alternate between A to B

Usage: A and B usually are one-syllable opposite adjectives.

hū lěng hū rè
e.g. 忽冷忽热   now cold, now warm
hū hǎo hū huài
忽好忽坏   now good, now bad

14.	热	rè	*adj.*	hot

15. 正常	zhèngcháng	*adj.*	normal
16. 感冒	gǎnmào	*v.*	to catch a cold
17. 容易	róngyì	*adj. & adv.*	easy; easily
18. 注意	zhùyì	*v.*	to pay attention to
19. 身体	shēntǐ	*n.*	body, health
20. 冰灯	bīngdēng	*n.*	ice lantern
21. 平均	píngjūn	*adj.*	average
22. 零	líng	*num.*	zero
23. 度	dù	*MW*	(temperature) degree
24. 气候	qìhòu	*n.*	climate
25. 干燥	gānzào	*adj.*	dry
26. 暖气	nuǎnqì	*n.*	heater
27. 反而	fǎn'ér	*adv.*	instead, on the contrary

Usage: see Language Points

28. 感觉	gǎnjué	*n. & v.*	feeling; to feel
29. 秋天	qiūtiān	*n.*	autumn
30. 天空	tiānkōng	*n.*	sky
31. 像	xiàng	*v.*	to resemble, to be alike
32. 灰色	huīsè	*n.*	grey
33. 沿海	yánhǎi	*adj.*	coastal
34. 四季	sìjì	*n.*	four seasons
35. 分明	fēnmíng	*adj. & adv.*	clear; clearly
36. 夏	xià	*n.*	summer
37. 较	jiào	*adv.*	comparatively
38. 长	cháng	*adj.*	long
39. 春	chūn	*n.*	spring
40. 短	duǎn	*adj.*	short
41. 约	yuē	*adv.*	about, approximately
42. 相	xiāng	*adv.*	each other, one another
43. 加	jiā	*v.*	to add, plus
44. 高	gāo	*adj.*	high, tall
45. 摄氏度	shèshìdù	*n.*	degree centigrade, often written as ℃
46. 降水量	jiàngshuǐliàng	*n.*	rainfall
47. 毫米	háomǐ	*MW*	millimeter (mm)
48. 集中	jízhōng	*v.*	to concentrate
49. 潮湿	cháoshī	*adj.*	humid
50. 很少	hěn shǎo		seldom

Useful Words & Expressions (补充词汇与短语)

1.	凉快	liángkuai	*adj.*	cool
2.	暖和	nuǎnhuo	*adj.*	warm
3.	晴	qíng	*adj.*	fine
4.	多云	duōyún	*adj.*	cloudy
5.	阴	yīn	*adj.*	overcast
6.	阵风	zhènfēng	*n.*	gust (of wind)
7.	台风	táifēng	*n.*	typhoon
8.	刮风	guā fēng	*VO*	to blow wind
9.	阵雨	zhènyǔ	*n.*	shower
10.	雾	wù	*n.*	fog
11.	雷	léi	*n.*	thunder
12.	打雷	dǎ léi	*VO*	to thunder
13.	闪电	shǎndiàn	*n.*	lightning

Language Points (语言点)

1. **Exclamation pattern**(感叹结构)：真……啊！

   > zhēn　　　　　　　　　　　　a
   > "真" + adj. / adj. phrase + 啊！

   "真……啊！" is an exclamation pattern, emphasizing the degree. ("真……啊！"可表示感叹语气，强调程度深)

   e.g. (1) 今天　真　冷啊！
   Jīntiān zhēn lěng a!

   (2) 这里　真　美　啊！
   Zhèli zhēn měi a!

   (3) 北京　春天　的　风　真　大啊！
   Běijīng chūntiān de fēng zhēn dà a!

2. **Comparison (1)**(比较)："比"

   In Chinese, "比" is often used in a comparison sentence. The structure is:

   > bǐ
   > A + 比 + B+ adj. (+ the degree words / the difference) .

hěn duō　de duō　　yìdiǎnr

The degree words, such as "很　多 / 得　多 / 一点儿" can express approximate difference (e.g. 1, 3). It may express concrete differences between A and B (e.g. 4). ("比"常用于比较句中,句型为 A+"比"+B+ 形容词 +〔表程度差别的词〕,"很多、得多、一点儿"等表示程度的词可以在"比"字句中表示大概的差别〔例 1,3〕。两者之间具体的差别也可以用"比"字句表示〔例 4〕)

　　　　　　　Jīntiān de qìwēn bǐ zuótiān dī hěn duō.

e.g. (1)　(今天 的)气温 比 昨天 低 很 多。

　　　　　　　Běifāng de qìhòu bǐ Shànghǎi gānzào.

　　　(2)　北方 的气候比 上海 干燥。

　　　　　　　Wǒ bǐ tā shòu　　yìdiǎnr.

　　　(3)　我 比 她 瘦(thin) 一点儿。

　　　　　　　Wǒ xiānsheng bǐ wǒ dà sì suì.

　　　(4)　我 先生 比我 大 4 岁。

　　　　　　bǐ　　　　　　　　　　　　　　　　　hěn　　bǐjiào

✲ Note: In a "比" sentence, the adverbs expressing degree, such as "很", "比较" cannot

　　　　　　　　　　　　　　　　qìwēn bǐ zuótiān hěn dī

be used before an adjective. So we cannot say: "气温 比 昨天 很 低" ("比"字句中,程度副词,如"很、比较"不能放在形容词前)

3.　Frequency adverbs (频度副词)

zǒngshì　　yìzhí
总是 = 一直　　　　　always

chángcháng jīngcháng
常常 = 经常　　　　often

bù cháng bú tài
不 常 = 不 太　　　not often

yǒushíhou　yǒushí
有时候 = 有时　　　sometimes

yìbān　tōngcháng
一般 = 通常　　　　usually

hěn shǎo
很 少　　　　　　seldom

cóng bù cóng méi
从 不 / 从 没　　　never (do/did)

These adverbs indicate frequency and they are always placed before time, place or verb as a modifier. (这些副词可放在时间、地点或者动词前面表示频度)

　　　　　　　Shànghǎi de dōngtiān chángcháng xià yǔ ma?

e.g. (1)　上海 的 冬天 常常 下 雨吗?

　　　　　　　Tiānkōng zǒngshì huīsè de.

　　　(2)　天空 总是 灰色 的。

　　　　　　　Lái Zhōngguó yǐqián, wǒ cóng méi xuéguo Hànyǔ.

　　　(3)　来 中国 以前,我 从 没 学过 汉语。

fǎn'ér
4. 反而

fǎn'ér

"反而" is in opposition to what has been stated or what is expected. ("反而"表示跟应该发生或期望发生的结果相反)

Chīle yào   yǐhòu, tā de bìng   fǎn'ér gèng zhòng   le.
e.g. (1) 吃了 药(medicine) 以后,他 的 病(illness) 反而 更   重(crucial) 了。

Wèi shénme shuì de duō fǎn'ér juéde hěn lèi ne?
(2) 为 什么 睡 得 多 反而 觉得 很 累 呢?

Tāmen shàng dàxué de shíhou chángcháng chǎo jià,   bì yè
(3) 他们 上 大学 的 时候 常常 吵 架(to quarrel),毕 业(graduation)
yǐhòu fǎn'ér chéngle hǎopéngyou.
以后 反而 成了 好朋友。

háishì
5. 还是

háishì

"还是" means "or" when it is a conjunction and used in an alternative question (refer to Book I). ("还是"作为连词用于选择问句中连接不同的选择〔参见一册〕)

Nǐ xǐhuan hē kāfēi háishì hē chá?
e.g. (1) 你 喜欢 喝 咖啡 还是 喝 茶?

háishì

"还是" has two common meanings when it is used as an adverb. A. Still—indicating the situation remains unchanged (e.g. 2, 3); B. Prefer—indicating the conclusion made by a comparison (e.g. 4, 5). ("还是"作为副词有两个常用的意思:A. 仍然,表示情况没有发生变化〔例2,3〕;B.通过比较后更喜欢,更倾向某种选择〔例4,5〕)

Míngtiān háishì xià yǔ.
e.g. (2) 明天 还是 下 雨。

Lǎoshī yòu shuōle yí biàn, kěshì wǒ háishì bù míngbai.
(3) 老师 又 说了一 遍,可是 我 还是 不 明白。

Wǒ háishì xǐhuan Shànghǎi de qiūtiān.
(4) 我 还是 喜欢 上海 的 秋天。

Zuò huǒchē tài màn, wǒ háishì zuò fēijī ba.
(5) 坐 火车 太 慢,我 还是 坐 飞机 吧。

Chinese idiom (汉语俗语)

Sānyuè de tiān, háizi de liǎn.
三月 的 天,孩子 的 脸。

This idiom means "the weather in March is changeable like a baby's face". (这句俗语的意思是:三月的天气忽冷忽热、忽晴忽雨,变化无常,好像孩子的脸)

Exercises (练习)

1. **Word extension** (词语扩展)

(1) 例：
　　hū lěng hū rè
　　忽 冷 忽 热

　　hū　　hū　　　　hū　　hū　　　　hū　　hū　　　　hū　　hū
　　忽___忽___　　忽___忽___　　忽___忽___　　忽___忽___

(2) 例：
　　bù lěng bú rè
　　不 冷 不 热

　　bù　　bù　　　　bù　　bù　　　　bù　　bù　　　　bù　　bù
　　不___不___　　不___不___　　不___不___　　不___不___

2. **Choose the right words to fill in the blanks** (选择正确词语填空)

zhèngcháng	yídìng	zhùyì	píngjūn	háishì
正常	一定	注意	平均	还是

(1)　Xiǎng xuéhǎo Hànyǔ, 　　　　　　yào duō tīng、duō shuō.
　　想 学好 汉语，_____一定 要 多 听、多 说。

(2)　Kāi chē de shíhou yào 　　　　　ānquán.
　　开 车 的 时候 要 ___注意___ 安全 (safety)。

(3)　Wǒ 　　　　gèng xǐhuan hē chá.
　　我 ___还是___ 更 喜欢 喝 茶。

(4)　Zhè cì kǎoshì wǒmen bān de 　　　　fēn shì qīshíwǔ fēn.
　　这 次 考试 我们 班 的 ___平均___ 分 是 75 分。

(5)　Rén de 　　　　tǐwēn yīnggāi shì sānshíqī shèshìdù.
　　人 的 ___正常___ 体温 应该 是 37℃。

3. **Fill in the form and make sentences** (按照要求造句)

	Subject	Frequency adverb	Verb	Object
lì 例：	wǒ 我	chángcháng 常常	qù 去	túshūguǎn 图书馆(library)。
(1)				
(2)				
(3)				
(4)				
(5)				
(6)				
(7)				

4. **Describe the following pictures using comparison word "比"** (用"比"字句描述下列
   图片)

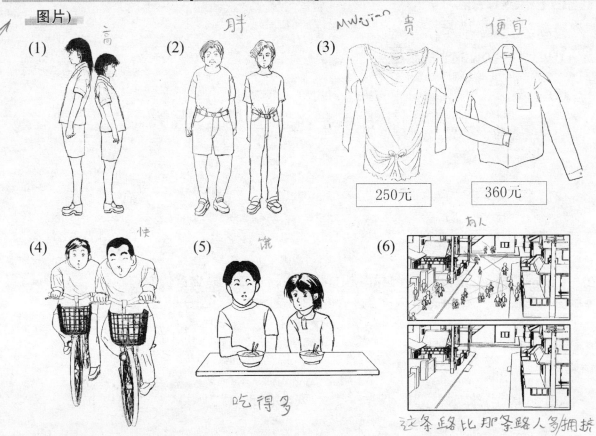

(1) 高
(2) 胖
(3) Mwèjiàn 贵   便宜   250元   360元
(4) 快
(5) 饿   吃得多
(6) 有人   这条路比那条路人多/拥挤

5. **Answer the questions according to the text** (根据课文内容回答问题)

Shànghǎi de dōngtiān tiānqì zěnmeyàng?
(1) 上海 的 冬天 天气 怎么样？

Wèi shénme hěn duō péngyou dōu gǎnmào le?
(2) 为 什么 很 多 朋友 都 感冒 了？

Hā'ěrbīn de dōngtiān tiānqì zěnmeyàng?
(3) 哈尔滨 的 冬天 天气 怎么样？

Shànghǎi de qìhòu yǒu shénme tèdiǎn?
(4) 上海 的 气候 有 什么 特点 (characteristic)？

Shànghǎi de jiàngyǔ   jízhōng zài shénme shíhou?
(5) 上海 的 降雨 (rain fall) 集中 在 什么 时候？

6. **Listening comprehension** (听力理解)

   (1)

   Vocabulary (生词)

播送	bōsòng	*v.*	to broadcast
中央	zhōngyāng	*adj.*	central
气象台	qìxiàngtái	*n.*	observatory
发布	fābù	*v.*	to issue

转	zhuǎn	v.	to transfer
级	jí	MW	for wind power
微风	wēifēng	n.	gentle breeze

Fill in the form (听后填表)

Xiànzài bōsòng Zhōngyāng Qìxiàngtái jīntiān liù diǎn zhōng fābù de chéngshì tiānqì yùbào.

现在　播送　中央　气象台　今天　6 点　钟　发布的　城市　天气　预报。

(handwritten: first sentence of forecast)

(handwritten: 与 八点钟早上)

chéngshì 城市	tiānqì *(weather)* 天气	qìwēn *(temp)* 气温
Běijīng 北京	*qing zhuan duoyun* ① _____, dōngnánfēng sān dào sì jí 东南风　3-4　级	1–12℃
② *haer bin by bon* 哈尔滨	qíng, wēifēng 晴，微风	③ –10 to –1 ℃
Xī'ān 西安	duōyún 多云，④ *weifeng* 微风	3–12℃
Lāsà 拉萨	wēifēng ⑤ *duoyun* 多云，微风	*零下六* ⑥ 0 – 6℃
Shànghǎi 上海	duōyún，⑦ *dong nanfeng* 东南风 zhuǎn dōngfēng 转　东风	8–14℃
⑧ *guo kunming* 昆明	qíng, wēifēng 晴，微风	⑨ 6 – 18 ℃
Guǎngzhōu 广州	*xiaoyu (small rain)* wēifēng ⑩ 小雨，微风	⑪ 17 – 23℃
Xiānggǎng 香港	*duoyun* zhuǎn yīn, dōngfēng *si dao gu zhi* ⑫ 多云　转　阴，东风 ⑬ _____	20–24℃
⑭ *ao men : macao* 澳门	duōyún, dōngfēng sì dào wǔ jí 多云，东风　4-5　级	⑮ 20 – 24℃
Táiběi 台北	*zhenyu (shower)* ⑯ 阵雨	16–24℃

(2)

Vocabulary (生词)

局部	júbù	adj.	part
地区	dìqū	n.	area
夜间	yèjiān	n.	night
拨打	bōdǎ	v.	to dial
详细	xiángxì	adj. & adv.	detailed; in detail

Fill in the blanks with the words you have heard (听后填空)

Xiàmiàn xiàng nín bōsòng　　　　Zhōngxīn Qìxiàngtái jīntiān　　　　fābù de Shànghǎi
下面　向　您　播送　上海 _____ 中心　气象台　今天 _____ 发布　的　上海

Shì tiānqì yùbào.　　　　dào yīn, júbù dìqū yǒushí yǒu yǔ. Jīntiān yèjiān dào míngtiān,
市　天气　预报。多云 _____ 到　阴，局部　地区　有时　有　雨。今天　夜间　到　明天，

júbù dìqū yǔliàng　　　　Dōngběifēng zhuǎn dōngfēng　　　　Jīntiān yèjiān
_____，局部　地区　雨量 _____。东北风　转　东风 _____。今天　夜间

fēnglì　　　　sì dào wǔ jí, zhènfēng liù jí. Jīntiān zuì　　　　wēndù shí'èr shèshìdù.
风力 (wind power)4　到　5　级，阵风　6　级。今天　最 _____ 温度　12　摄氏度。

Míngtiān zuì dī wēndù　　　　. Xièxie nín de shōutīng. Huānyíng nín jīngcháng bōdǎ
明天　最　低　温度 __6__。谢谢　您　的　收听。欢迎　您　经常　拨打

qìxiàng xìnxītái. Xūyào liǎojiě xiángxì tiānqì qíngkuàng, qǐng nín bōdǎ
_7000_ 气象　信息台。需要　了解　详细　天气　情况，　请　您　拨打 __9__

qìxiàng xìnxītái.
气象　信息台。

7. Group task (小组活动)

Shuōshuo nǐ zuì xǐhuan nǎge jìjié? Wèi shénme?
(1) 说说　你　最　喜欢　哪个　季节？为　什么？

(Talk about your favourite season and the reason that you like.)

Xiàng nǐ de tóngxué jièshào yíxià nǐ jiāxiāng de qìhòu.
(2) 向　你　的　同学　介绍　一下你　家乡　的　气候。

(Introduce the climate in your hometown to your classmates.)

8. Writing (写写看)

Hé nǐ de tóngzhuō yìqǐ, mófǎng qìxiàngtái, xiě yí duàn tiānqì yùbào.
和你的　同桌　一起，模仿　气象台，写　一　段　天气　预报。

9. Joke (笑话)

Lǎo Zhāng duì péngyou shuō:" wǒ bù zhīdao wǒ de érzi yīnggāi zuò shénmeyàng de
老　张　对　朋友　说:"我　不　知道　我　的儿子　应该　做　什么样　的

gōngzuò, tā zuò shì hěn bù kěkào."　　　　Péngyou shuō:" tā kěyǐ qù bō tiānqì yùbào."
工作，他　做　事　很　不　可靠 (reliable)。"朋友　说:"他　可以　去　播　天气　预报。"

Unit 18
Habit and Health

xíguàn hé jiànkāng
习惯 和 健康

---

1. Wǒ méi bìng, jiùshì juéde yǒudiǎnr lèi.
2. Yí dào wǎnshang jiù huì yìzhí késou.
3. Chīle liǎng ge yuè zhōngyào jiù wánquán hǎo le.
4. Rúguǒ nǐ bù shūfu de huà, jīntiān wǒmen jiù bié fǔdǎo le.
5. Bǐrú qù mǎi dōngxi、gēn péngyou chī fàn shénme de.

我没病,就是觉得有点儿累。
一到晚上就会一直咳嗽。
吃了两个月中药就完全好了。
如果你不舒服的话,今天我们就别辅导了。
比如去买东西、跟朋友吃饭什么的。

kèwén (Text)

(I)

Lǐ Dàmíng: Nǐ jīntiān liǎnsè bù hǎo, shì bu shì bìng le?

Mǎkè: Wǒ méi bìng, jiùshì juéde yǒudiǎnr lèi.[1] Zuìjìn, yí dào wǎnshang jiù huì yìzhí késou,[2] chángcháng shīmián.

Lǐ Dàmíng: Nǐ qù yīyuàn kànguo ma?

Mǎkè: Qùguo le, chīle yào yě méiyǒu yòng.

Lǐ Dàmíng: Nǐ kàn de shì xīyī ba, nǐ kěyǐ qù kànkan zhōngyī.

Mǎkè: Zhōngyī wǒ cónglái méi kànguo.

Lǐ Dàmíng: Yǐqián wǒ yě shīmián, chīle liǎng ge yuè zhōngyào jiù wánquán hǎo le.[3]

Mǎkè: Zhēnde? Nà wǒ yě qù shìshi.

Lǐ Dàmíng: Rúguǒ nǐ bù shūfu de huà, jīntiān wǒmen jiù bié fǔdǎo le.[4]

Mǎkè: Méi shì de, bú yòng dānxīn.

Lǐ Dàmíng: Nǐ háishì hǎohāo xiūxi xiūxi ba. Shēntǐ zuì zhòngyào.

Mǎkè: Nà hǎo, xièxie nǐ.

(Ⅱ)

(Bèixī shuō) Zhōngguó yǒu jù súyǔ jiào "zǎo shuì zǎo qǐ shēntǐ hǎo". Yìsi shì: rúguǒ nǐ měi tiān shuì de zǎo qǐ de zǎo, nàme nǐ de shēntǐ jiù huì hěn hǎo.⁵ Wǒ juéde zhè jù huà shuō de hěn duì. Zǎo yìdiǎn qǐ chuáng yǒu hěn duō de hǎochu. Shǒuxiān, zǎoshang shì yùndòng de zuì jiā shíjiān. Zhōngwǔ de xiūxi shíjiān bǐjiào duǎn, érqiě hěn è huòzhě hěn bǎo de shíhou dōu bù néng duànliàn. Xià bān yǐhòu bǐjiào lèi, yě kěnéng yǒu bié-de shì, bǐrú qù mǎi dōngxi、gēn péngyou chī fàn shénme de.⁶ Zhìyú duànliàn de fāngshì, pǎo bù、qí zìxíngchē、yóuyǒng huòzhě qù jiànshēnfáng, dōu shì hěn hǎo de yùndòng. Qícì, zǎo diǎn chū mén de huà, lù shang bù dǔ chē, yě yǒu hěn duō de kōng chūzūchē. Zhèyàng, cóng wǒ jiā dào xuéxiào, zhǐyào hěn duǎn de shíjiān. Tóngxuémen yìbān bú huì tài zǎo lái xuéxiào, suǒyǐ jiàoshì li hěn ānjìng. Wǒ yìbiān hē kāfēi, yìbiān xuéxí Hànyǔ, méiyǒu rén dǎrǎo wǒ, xuéxí xiàolǜ fēicháng gāo.

课　文

(一)

李大明：你今天脸色不好，是不是病了？

马　克：我没病，就是觉得有点儿累。¹最近，一到晚上就会一直咳嗽，²常常失眠。

李大明：你去医院看过吗？

马　克：去过了，吃了药也没有用。

李大明：你看的是西医吧，可以去看看中医。

马　克：中医我从来没看过。

李大明：以前我也失眠，吃了两个月中药就完全好了。³

马　克：真的？那我也去试试。

李大明：如果你不舒服的话，今天我们就别辅导了。⁴

马　克：没事的，不用担心。

李大明：你还是好好休息休息吧。身体最重要。

马　克：那好，谢谢你。

(二)

(贝西说)中国有句俗语叫"早睡早起身体好"。意思是：如果你每天睡得早起得早，那么你的身体就会很好。⁵我觉得这句话说得很对。早一点起床有很多的好处。首先，早上是运动的最佳时间。中午的休息时间比较短，而且很饿或者很饱的时候都不能锻炼。下班以后比较累，也可能有别的事，比如去买东西、跟朋友吃饭什么的。⁶至于锻炼的方式，跑步、骑自行车、游泳或者去健身房，都是很好的运动。其次，早点出门的话，路上不堵车，也有很多的空出租车。这样，从我家到学校，只要很短的时

间。同学们一般不会太早来学校,所以教室里很安静。我一边喝咖啡,一边学
语,没有人<u>打扰</u>我,学习效率非常高。

Vocabulary (生词语)

1.	脸色	liǎnsè	*n.*	complexion
2.	病	bìng	*n.*	illness
3.	咳嗽	késou	*n. & v.*	cough; to cough
4.	失眠	shīmián	*n.*	insomnia
5.	医院	yīyuàn	*n.*	hospital
6.	药	yào	*n.*	medicine
7.	西医	xīyī	*n.*	western medicine (practice), western medicine doctor
8.	中医	zhōngyī	*n.*	Chinese medicine (practice), Chinese medicine doctor
9.	中药	zhōngyào	*n.*	Chinese traditional medicine
10.	俗语	súyǔ	*n.*	common saying
11.	那么	nàme	*conj.*	then, in that case

Usage: see Language Points

12.	起床	qǐ chuáng	*VO*	to get up
13.	好处	hǎochu	*n.*	advantage
14.	首先	shǒuxiān	*adv.*	first of all (written)
15.	运动	yùndòng	*n.*	sports
16.	佳	jiā	*adj.*	good (formal)
17.	饿	è	*adj.*	hungry
18.	饱	bǎo	*adj.*	be full
19.	锻炼	duànliàn	*n. & v.*	physical exercise; to exercise
20.	下班	xià bān	*VO*	off duty
21.	比如	bǐrú	*v.*	for example
22.	至于	zhìyú	*prep.*	as for, with regards to
23.	方式	fāngshì	*n.*	style

Usage: It often indicates style of doing something.

gōngzuò de fāngshì
e.g.　工 作 的 方 式　　style of working

shuō huà de fāngshì
说 话 的 方 式　　style of speaking

24.	跑步	pǎo bù	*VO*	to run
25.	游泳	yóu yǒng	*VO*	to swim
26.	健身房	jiànshēnfáng	*n.*	gym (health, body, room)
27.	其次	qícì	*adv.*	secondly (written)
28.	出门	chū mén	*VO*	to leave home
29.	堵车	dǔ chē	*VO*	to have a traffic jam
30.	空	kōng	*adj.*	empty
31.	一般	yìbān	*adv.*	usually
32.	教室	jiàoshì	*n.*	classroom
33.	安静	ānjìng	*adj.*	quiet
34.	效率	xiàolǜ	*n.*	efficiency

Useful Words & Expressions (补充词汇与短语)

1.	头发	tóufa	*n.*	hair
2.	脸	liǎn	*n.*	face
3.	眼睛	yǎnjing	*n.*	eye
4.	耳朵	ěrduo	*n.*	ear
5.	鼻子	bízi	*n.*	nose
6.	嘴	zuǐ	*n.*	mouth
7.	下巴	xiàba	*n.*	chin
8.	脖子	bózi	*n.*	neck
9.	肩	jiān	*n.*	shoulder
10.	手臂	shǒubì	*n.*	arm
11.	手腕	shǒuwàn	*n.*	wrist
12.	手指	shǒuzhǐ	*n.*	finger
13.	胸	xiōng	*n.*	chest
14.	背	bèi	*n.*	back
15.	腰	yāo	*n.*	waist
16.	大腿	dàtuǐ	*n.*	thigh
17.	膝盖	xīgài	*n.*	knee
18.	脚	jiǎo	*n.*	feet
19.	皮肤	pífū	*n.*	skin
20.	头疼	tóuténg	*n.*	headache

12手指
11手腕
1头发
3眼睛
5鼻子
6嘴
7下巴
4耳朵
10手臂
8脖子
2脸
9肩
14背
13胸
15腰
16大腿
17膝盖
19皮肤
18脚

21. 过敏　　　　guòmǐn　　　*n.*　　　allergy

> *Usage:* often used together with "对".
>
> Wǒ duì wèijīng guòmǐn.
> *e.g.*　我 对 味精 过敏。I'm allergic to MSG.

Language Points (语言点)

1. ……, 就是（jiùshì）……　　**but**

It indicates it is just slightly dissatisfactory. (用"就是"来引出不太满意的部分)

Wǒ méi bìng, jiùshì juéde yǒudiǎnr lèi.
e.g. (1)　我 没 病，就是 觉得 有点儿 累。

Zhè jiàn yīfu zhēn piàoliang, jiùshì yǒudiǎnr guì.
(2)　这 件 衣服 真 漂亮，就是 有点儿 贵。

Zhōngguócài hěn hǎochī, jiùshì tài yóu le.
(3)　中国菜 很 好吃，就是 太 油 (oily) 了。

2. Sentence pattern(句型)：一（yī）……就（jiù）……

S_1+ 一(yī) +V_1+O_1+(S_2)+ 就(jiù) +V_2+O_2

It indicates: A. the first action causes the second action to happen (e.g. 1, 2); B. the second action happens immediately after the first action (e.g. 3, 4, 5). (这个结构可以表示：A. 第一个动作或情况引起第二个动作或情况发生〔例 1,2〕；B. 第二个动作紧接着第一个动作发生〔例 3,4,5〕)

Wǒ yí dào wǎnshang jiù huì yìzhí késou.
e.g. (1)　我 一 到 晚上 就会 一直 咳嗽。

Wǒ yí kàn shū jiù xiǎng shuì jiào.
(2)　我 一 看 书 就 想 睡 觉。

Wǒ yí xià kè jiù qù shítáng chī fàn.
(3)　我 一 下 课 就去 食堂 吃 饭。

Tā yì huí jiā wǒ jiù ràng tā gěi nǐ huí diànhuà.
(4)　他 一 回 家 我 就 让 他 给 你 回 电话。

Mǎkè yì kǎo wán shì jiù huí guó.
(5)　马克 一 考 完 试 就回 国。

Mǎkè yì kǎo wán shì jiù huí guó le.
✷ **Please compare:**　(6) 马克 一 考 完 试 就回 国 了。

What is the difference between e.g. (5) and e.g. (6)? (例 5 和 例 6 有什么不同？)

Write your findings here: (把你的发现写在这里)

_____

_____

_____

3. **Sentence pattern**(句型): 了……就……

$$V_1 + 了 + O_1 + 就 + V_2 + O_2$$

It indicates the second action happens after the first action.

(结构 动词$_1$+ "了"+ 宾语$_1$+ "就"+ 动词$_2$+ 宾语$_2$ 可以表示第二个动作在第一个动作之后发生)

e.g. (1) 吃了两个月 中药 就 完全 好 了。
Chīle liǎng ge yuè zhōngyào jiù wánquán hǎo le.

(2) 我 下了课就去 食堂 吃 饭。
Wǒ xiàle kè jiù qù shítáng chī fàn.

❋ What structure can substitute for "V$_1$+ 了 +O$_1$+ 就 +V$_2$+O$_2$"? (什么结构可以用来替换这个结构？)

Write your answer here: (把你的答案写在这里)

_____

_____

(3) 马克 考 完 了试 就 回 国。
Mǎkè kǎo wán le shì jiù huí guó.

❋ Please compare: (4) 马克 考 完 了 试 就 回 国 了。
Mǎkè kǎo wán le shì jiù huí guó le.

What is the difference between e.g. (3) and e.g. (4)? (例 3 和例 4 有什么不同？)

Write your answer here: (把你的答案写在这里)

_____

_____

4. Sentence pattern(句型):
rúguǒ　　　dehuà　jiù
如果……(的话),就……

> rúguǒ　　　　　　　　　　　　　dehuà　jiù
> 如果 + hypothetical condition + (的话), 就 + result

It indicates the result of a hypothetical condition. You can use either "如果"or "的话",

or both. "的话" is informal. (表示假设条件和结果。"如果"和"的话"可以只用一个或者一起用,"的话"比较随意)

Rúguǒ nǐ bù shūfu de huà, jīntiān wǒmen jiù bié fǔdǎo le.
e.g. (1)　如果 你 不 舒服 的 话, 今天 我们 就 别 辅导 了。

Zǎo diǎn chū mén de huà, lù shang bù dǔ chē, yě yǒu hěn duō de kōng chūzūchē.
　　　(2)　早 点 出 门 的 话, 路 上 不 堵 车, 也 有 很 多 的 空 出租车。

Rúguǒ nǐ méiyǒu kòng de huà, wǒmen huàn ge shíjiān zài tán.
　　　(3)　如果 你 没有 空 的 话, 我们 换 个 时间 再 谈。

5.　nàme
那么……

nàme
"那么" can be used as a conjunction to express the conclusion or decision made as a result

nà
of the previous condition or situation. And "那" can be used in the same way. ("那么"作为连词,可以表示根据前面的条件或情况得出的结果或做出的决定。"那"也有相同的用法)

Rúguǒ nǐ měi tiān shuì de zǎo qǐ de zǎo, nàme nǐ de shēntǐ jiù huì hěn hǎo.
e.g. (1)　如果 你 每 天 睡 得 早 起 得 早, 那么 你 的 身体 就 会 很 好。

Nǐ rúguǒ gēn wǒmen yìqǐ zǒu, nàme jiù děi kuài diǎn.
　　　(2)　你 如果 跟 我们 一起 走, 那么 就 得 快 点。

Wáng lǎoshī bú zài bàngōngshì.
　　　(3)　A: 王 老师 不 在 办公室。

Nàme yídìng zài jiā li.
　　　　　B: 那么 一定 在 家 里。

6.　shénme de
A、B、C 什么 的

It is used in giving examples. This pattern cannot be used for persons. (这个结构用于举例,但不能用来形容人)

Xià bān yǐhòu bǐjiào lèi, yě kěnéng yǒu biéde shì, bǐrú qù mǎi dōngxi, gēn
e.g. (1)　下 班 以后 比较 累, 也 可能 有 别 的 事, 比如 去 买 东西、跟

péngyou chī fàn shénme de.
　　　　　朋友 吃 饭 什么 的。

Lái Zhōngguó yǐhòu nǐ qùguo nǎxiē dìfang?
　　　(2)　A: 来 中国 以后 你 去过 哪些 地方?

Hěn duō, xiàng Běijīng、Xī'ān、Hā'ěrbīn shénme de wǒ dōu qùguo.
　　　　　B: 很 多, 像 北京、西安、哈尔滨 什么 的 我 都 去过。

Chinese idiom (汉语俗语)

Zǎo shuì zǎo qǐ shēntǐ hǎo.
早 睡 早 起 身体 好。

This idiom means: if you go to bed early and get up early, you will have a good health. In English, there is a similar idiom "early to bed and early to rise makes a man healthy, wealthy and wise". (这句俗语的意思是：如果你睡得早起得早，那么你的身体就会很好。英语中也有类似的表达)

Exercises (练习)

1. Word extension (词语扩展)

(1) yī 中 医

yī 西 医

yī 医 院

yī 医 生

(2) yào 中 药

yào 西 药

yào 药

2. Choose the right words to fill in the blanks (选择正确词语填空)

liǎnsè hǎochu fāngshì dǎrǎo xiàolù
脸色 好处 方式 打扰 效率

Zhèyàng de gōngzuò shì bu shì tài dī le?
(1) 这样 的 工作 效率 是 不 是 太 低 了？

Nǐ juéde xuéxí Hànyǔ yǒu shénme?
(2) 你 觉得 学习 汉语 有 什么 好处 ？

Duìbuqǐ, wǒ kěyǐ nǐ yíxià ma?
(3) 对不起，我 可以 打扰 你 一下 吗？

Kàn nǐ de , wǒ xiǎng dàgài zuótiān wǎnshang nǐ yòu shuì de bù hǎo ba.
(4) 看 你 的 脸色 ，我 想 大概 昨天 晚上 你 又 睡 得 不 好 吧。

Qǐng bú yào yòng zhè zhǒng gēn wǒ shuō huà.
(5) 请 不 要 用 这 种 方式 跟 我 说 话。

3. Choose the right sentence patterns (选择正确的结构填空)

jiùshì but　　　yī　　　jiù this, causl　　le　　　jiù this, then at　　rúguǒ if　　dehuà　jiù
……，就是……　　一……就……　　了……就…… 此前　如果……（的话），就……

Xuéxí Hànyǔ hěn yǒuyìsi　　　　yǒudiǎnr nán.
(1) 学习 汉语 很 有意思，___就是___ 有点儿 难。

Wǒ　　　dào jiā　　　gěi nǐ dǎ diànhuà.
(2) 我 ___一___ 到 家 ___就___ 给 你 打 电话。 ⎫ same meaning

Wǒ dào　　jiā　　　gěi nǐ dǎ diànhuà.
(3) 我 到 ___了___ 家 ___就___ 给 你 打 电话。 ⎭

Nǐ qù　　　wǒ　　　qù.
(4) 你 去 ___了___，我 ___就___ 去。

25
2
- 3
7.5

Wǒ　　hē jiǔ　　　liǎn hóng.
(5) 我 ___一___ 喝 酒 ___就___ 脸 红。

nǔlì　　　xuéxí,　　néng xuéhǎo Hànyǔ.
(6) ___如果___ 努力 (try hard) 学习，___就___ 能 学好 汉语。

shénmede
4. Complete the dialogues with "A、B、C什么的" (用"A、B、C什么的"完成下列对话)

Nǐ xǐhuan shénme yùndòng?
(1) A: 你 喜欢 什么 运动？
B: 我喜欢跑步什么的

Nǐ zhōumò yìbān zuò shénme?
(2) A: 你 周末 一般 做 什么？
B: 我周末一般去吃饭。

Zuótiān nǐ zài chāoshì mǎile shénme?
(3) A: 昨天 你 在 超市 买了 什么？
B: 昨天我在超市买了十瓶水

Nǐ zhīdào nà jiā shāngdiàn mài shénme ma?
(4) A: 你 知道 那 家 商店 卖 什么 吗？
B: 我知道那家商店卖衣服。

Nǐ zhīdào nà jiā fàndiàn yǒu shénme hǎochī de cài ma?
(5) A: 你 知道 那 家 饭店 有 什么 好吃 的 菜 吗？
B: 我知道那家饭店有好吃的面条。

百菜
牛肉 什么的
yī　　　jiù　　　　le　　jiù
**5. Rewrite the following sentences with "一……就……" or "了……就……" (用
"一……就……"或者"了……就……"改写下列句子)**

Wǒ xià kè yǐhòu hé péngyou yìqǐ qù chī fàn.
(1) 我 下 课 以后 和 朋友 一起 去 吃 饭。 我下了课以后和朋友一起就去吃饭。
Zuótiān, wǒ chīwán wǔfàn yǐhòu qùle shāngdiàn.
(2) 昨天，我 吃完 午饭 以后 去了 商店。昨天，我吃了完午饭以后，就去了商店。
Tīng lǎoshī shuō míngtiān kǎoshì, tā fēicháng jǐnzhāng.
(3) 听 老师 说 明天 考试，她 非常 紧张。

一听老师说明天考试就她非常紧张。

马就 打算 学完这个学期，就 以后 回国。

Mǎkè dǎsuan xuéwán zhège xuéqī   yǐhòu huí guó.

(4) 马克 打算 学完 这个 学期 (semester) 以后 回 国。

Yīshēng gàosù tā yǐhòu, tā mǎshàng gàosù le wǒmen.

(5) 医生 告诉 她 以后，她 马上 告诉 了 我们。

医生告诉她以后，她早上 就 告诉了我们。

6. Answer the questions according to the text (根据课文内容回答问题)

Zuìjìn Mǎkè de shēntǐ zěnmeyàng?

(1) 最近 马克 的 身体 怎么 样？

Jīntiān Lǐ Dàmíng gěi Mǎkè fǔdǎo le ma? Wèi shénme?

(2) 今天 李 大明 给 马克 辅导 了 吗？ 为 什么？

Qǐ chuáng zǎo yǒu shénme hǎochu?

(3) 起 床 早 有 什么 好处？

Shénme shíhou yùndòng zuì hǎo?

(4) 什么 时候 运动 最 好？

Nǎ zhǒng duànliàn fāngshì zuì hǎo?

(5) 哪 种 锻炼 方式 最 好？

7. Listening comprehension (听力理解)

> ### *Vocabulary* (生词)
>
> | | | | |
> |---|---|---|---|
> | 习惯 | xíguàn | *n. & v.* | habit, custom; to get used to |
> | 选择 | xuǎnzé | *n. & v.* | choice; to choose |
> | 中式 | zhōngshì | *adj.* | Chinese style |
> | 口味 | kǒuwèi | *n.* | taste |
> | 急急忙忙 | jíjímángmáng | *adv.* | hurriedly |
> | 减肥 | jiǎn féi | *VO* | to keep on a diet, to lose weight |
> | 饼干 | bǐnggān | *n.* | biscuit, cookie |

> ### *Answer the following questions* (回答下列问题)
>
> Nǐ yǒu chī zǎofàn de xíguàn ma?
>
> (1) 你 有 吃 早饭 的 习惯 吗？   habit of eating breakfast.
>
> "Wǒ" měitiān dōu chī zǎofàn ma? Wèi shénme?
>
> (2) "我" 每天 都 吃 早饭 吗？ 为 什么？
>
> Zǎofàn yǒu nǎxiē xuǎnzé?
>
> (3) 早饭 有 哪些 选择？ → choice
>
> Wèi shénme hěn duō niánqīngrén bù chī zǎofàn?
>
> (4) 为 什么 很 多 年轻人 不 吃 早饭？
>
> Nǐ juéde bù chī zǎofàn shì bù hǎo de xíguàn ma?
>
> (5) 你 觉得 不 吃 早饭 是 不 好 的 习惯 吗？

我每天吃早饭

if you dont, you will be uncomfortable

jiaoz:
baoz:
lian bao
jidan

8.   Group task (小组活动)

Tántan nǐ de duànliàn xíguàn.
(1)   谈谈 你 的 锻炼   习惯。 (Talk about your exercise habit)

Tántan nǐ duì zhōngyī de rènshi.
(2)   谈谈 你 对 中医 的 认识。

(Talk about your knowledge on Chinese medicine practice)

Hé nǐ de tóngzhuō shèjì yí fèn guānyú "xíguàn" de wènjuàn, ránhòu wèn qítā xiǎozǔ
(3)   和 你 的   同桌   设计 一 份   关于 "习惯" 的   问卷, 然后   问 其他 小组

nǐmen de wèntí, wánchéng zhè fèn wènjuàn, bǎ jiéguǒ gàosu quánbān.
你们 的 问题, 完成   这 份   问卷, 把 结果 告诉   全班。

(Design a questionnaire with your partner about "habit", then ask other groups your questions to finish the questionnaire and report to the class)

9.   Writing (写写看)

Nǐ shēng bìng le, bù néng qù shàng kè, qǐng nǐ gěi lǎoshī xiě yì zhāng qǐngjiàtiáo.
你 生 病 了, 不能 去 上 课, 请 你 给老师 写 一 张   请假条。

(Write a note to your teacher asking for a sick leave)

10.   Joke (笑话)

Xiǎohóng: Xiǎomíng, nǐ zuótiān wèishénme méi lái shàng kè?
小红: 小明, 你 昨天   为什么 没 来 上   课?

Xiǎomíng: Wǒ yá téng,   dào yīyuàn qù bá yá   le.
小明: 我 牙 疼 (toothache), 到 医院 去 拔 牙 (to pull out a tooth) 了。

Xiǎohóng: Nǐ de yá xiànzài hái téng ma?
小红: 你 的 牙 现在 还 疼 吗?

Xiǎomíng: Wǒ bù zhīdao, nà kē yá zài yīshēng nàli.
小明: 我 不 知道, 那 颗 牙 在 医生 那里。

Unit 19
Asking for Help

qǐng qiú bāngzhù
请求　帮助

1. Nǐ búshì yào huí jiā guò Chūn Jié ma? | 你不是要回家过春节吗？
2. Wǒ yǐwéi nǐ yǐjīng huídào jiā le ne. | 我以为你已经回到家了呢。
3. Huǒchēpiào hái méi mǎidào. | 火车票还没买到。
4. Lián zhànpiào dōu méiyǒu le. | 连站票都没有了。
5. Zhǐyào néng huí jiā jiù hǎo. | 只要能回家就好。

kèwén (Text)

（Ⅰ）

Wáng Gāng:　Wéi, shì Lǐ Dàmíng ma? Wǒ shì Wáng Gāng a.

Lǐ Dàmíng:　Wáng Gāng? Nǐ búshì yào huí jiā guò Chūn Jié ma?[1] Zěnme hái méi zǒu? Wǒ yǐwéi nǐ yǐjīng huídào jiā le ne?[2]

Wáng Gāng:　Āiyā, bié tí le. Huǒchēpiào hái méi mǎidào ne.

Lǐ Dàmíng:　Nǐ búshì dìngle piào ma?

Wáng Gāng:　Wǒ yuánlái zhǔnbèi zuótiān zǒu, dìng de piào dōu nádào le, tūrán xuéxiào li yǒu jíshì, yào wǎn liǎng tiān cái néng zǒu. Zuótiān zǎoshang, wǒ qùle huǒchēzhàn, yuánlái de piào hěn kuài jiù tuìdiào le, kěshì yào xiǎng zài mǎi yì zhāng jiù méi nàme róngyì le. Cóng jīntiān dào chūqī de piào quánbù màiwán le, lián zhànpiào dōu méiyǒu le.[3]

Lǐ Dàmíng:　Bù néng zài yìqǐ chī niányèfàn, nǐ bà mā kěndìng huì shāng xīn de.

Wáng Gāng:　Kě bú shì ma. Wǒ yǐjīng liǎng nián méi huí jiā guò nián le. Āi, nǐ rènshi de rén duō, bāng wǒ xiǎngxiang bànfǎ.

Lǐ Dàmíng: Fēijīpiào nǐ wènguo le ma?

Wáng Gāng: Wènguo le. Yě méiyǒu le.

Lǐ Dàmíng: Ràng wǒ hǎohāo xiǎngxiang. Duì le, wǒ yǒu ge péngyou zài hángkōng gōngsī gōngzuò, tā shuō zuìjìn kěnéng yǒu jiā bān fēijī, wǒ gěi nǐ wènwen, kàn néng bu néng mǎidào piào.

Wáng Gāng: Tài xièxie nǐ le.

Lǐ Dàmíng: Xiān bié shuō xiè, hái bù zhīdao yǒu méiyǒu ne.

(Ⅱ)

Qùnián Chūn Jié Wáng Gāng méiyǒu huí jiā. Jīnnián tā dāying fùmǔ yídìng huí jiā guò nián. Yīnwèi Chūn Jié qián de piào hěn nán mǎi, suǒyǐ Wáng Gāng hěn zǎo jiù yùdìng hǎo le yì zhāng huǒchēpiào. Kěshì, xuéxiào tūrán yǒu jíshì, yào wǎn liǎng tiān zǒu. Wáng Gāng zhǐhǎo tuìdiàole yuánlái mǎi de huǒchēpiào, dànshì yào zài mǎi yì zhāng jiù kùnnan le. Wáng Gāng dǎ diànhuà gěi Lǐ Dàmíng qǐng tā bāng máng. Lǐ Dàmíng shuō tā rènshi zài hángkōng gōngsī gōngzuò de péngyou, kěnéng kěyǐ mǎidào fēijīpiào. Xiàwǔ, Lǐ Dàmíng dǎ diànhuà gěi Wáng Gāng, shuō tā de péngyou bāng Wáng Gāng mǎidào le fēijīpiào, dànshì bù néng dǎ zhé, piàojià yǒudiǎnr guì. Wáng Gāng shuō méi guānxi, zhǐyào néng huí jiā jiù hǎo.[4]

课　文

(一)

王　刚：喂，是李大明吗？我是王刚啊。

李大明：王刚？你不是要回家过春节吗？[1] 怎么还没走？我以为你已经回到家了呢？[2]

王　刚：哎呀，别提了。火车票还没买到呢。

李大明：你不是订了票吗？

王　刚：我原来准备昨天走，订的票都拿到了，突然学校里有急事，要晚两天才能走。昨天早上，我去了火车站，原来的票很快就退掉了，可是要想再买一张就没那么容易了。从今天到初七的票全部卖完了，连站票都没有了。[3]

李大明：不能在一起吃年夜饭，你爸妈肯定会伤心的。

王　刚：可不是嘛。我已经两年没回家过年了。哎，你认识的人多，帮我想想办法。

李大明：飞机票你问过了吗？

王　刚：问过了。也没有了。

李大明：让我好好想想。对了，我有个朋友在航空公司工作，他说最近可能有加班飞机，我给你问问，看能不能买到票。

王　刚：太谢谢你了。

李大明：先别说谢，还不知道有没有呢。

（二）

    去年春节王刚没有回家。今年他答应父母一定回家过年。因为春节前的票很难买，所以王刚很早就预订好了一张火车票。可是，学校突然有急事，要晚两天走。王刚只好退掉了原来的火车票，但是要再买一张就困难了。王刚打电话给李大明请他帮忙。李大明说他认识在航空公司工作的朋友，可能可以买到飞机票。下午，李大明打电话给王刚，说他的朋友帮王刚买到了飞机票，但是不能打折，票价有点儿贵。王刚说没关系，只要能回家就好。⁴

Vocabulary (生词语)

1.	春节	Chūn Jié	*PN*	Spring Festival
2.	以为	yǐwéi	*v.*	to think (wrongly)
3.	提	tí	*v.*	to mention
4.	订	dìng	*v.*	to book
5.	原来	yuánlái	*adj. & adv.*	original; originally
6.	急事	jíshì	*n.*	urgent affairs
7.	退	tuì	*v.*	to return a purchase
8.	那么	nàme	*adv.*	so

> **Usage:** can be used before an adjective.
>
>   nàme róngyì
> *e.g.*   那么 容易   so easy
>
>   nàme duō
>   那么 多   so many

9.	初七	chūqī	*n.*	the seventh day of a month in lunar calendar
	初	chū	*n.*	beginning
10.	全部	quánbù	*adj. & adv.*	whole
11.	连	lián	*prep.*	even

> **Usage:** see Language Points

12.	站票	zhànpiào	*n.*	ticket (without reserving a seat)
13.	年夜饭	niányèfàn	*n.*	family dinner of Spring Festival
14.	肯定	kěndìng	*adj. & adv.*	sure, certainly
15.	伤心	shāng xīn	*adj.*	sad
16.	办法	bànfǎ	*n.*	way
17.	航空	hángkōng	*n.*	aviation
18.	加班	jiā bān	*VO*	work overtime
19.	答应	dāying	*v.*	to consent
20.	父母	fùmǔ	*n.*	parents

21.	困难	kùnnan	*n. & adj.*	difficulty; difficult
22.	只要	zhǐyào	*conj.*	as long as
				Usage: see Language Points

Language points (语言点)

1. Rhetorical question(反问句型): 不 是……吗?
bú shì ma

This is a rhetorical question construction which conveys an affirmative attitude. (这是一个反问句型,用来加强肯定的语气)

e.g. (1) 你不是要回家过春节吗?
Nǐ bú shì yào huí jiā guò Chūn Jié ma?

(2) 你不是订了票吗?
Nǐ búshì dìngle piào ma?

(3) 你们不是已经认识了吗?
Nǐmen bú shì yǐjīng rènshile ma?

2. The complement of result (结果补语)

The complement of result follows a verb, and it shows the result of this action. If the verb takes an object, the object is placed after the complement of result. (结果补语跟在动词后面,表示这个动作的结果。如果动词带宾语,宾语要放在结果补语之后)

The affirmative form (肯定句): $\boxed{V + V / A + O}$

The negative form (否定句): $\boxed{没(有) + V + V / A + O}$
méiyǒu

The question form (问句): $\boxed{V + V / A + O + 了吗?}$
le ma

$\boxed{V + V / A + O + 了 没有?}$
le méiyǒu

$\boxed{有 没有 + V + V / A + O?}$
yǒu méiyǒu

Some verbs and adjectives are often used as complement of result, such as "完、懂、见、在、到、给、成" and "好、对、错、清楚、脏、干净"。Their meanings and examples are as follows: (常用结果补语的意义和用例见下表)
wán dǒng jiàn
zài dào gěi chéng hǎo duì cuò qīngchǔ zāng gānjìng

| | | wán
完 | | kànwán diànshì
看完 电视 |
| | | zài
在 | | fàngzài bāo li
放在 包里 |

	dào 到			mǎidào jīpiào 买到 机票 zǒudào chēzhàn 走到 车站 shuìdào zhōngwǔ 睡到 中午
	gěi 给			jiègěi péngyou 借给 朋友
	chéng 成			fānyì chéng Hànyǔ 翻译 成 汉语
	hǎo 好			zuòhǎo wǎnfàn 做好 晚饭
	cuò 错			huídá cuò le 回答 错 了

Wǒ de zhàoxiàngjī wàngzài chūzūchē shàng le.
e.g. (1) 我 的 照相机　忘在　出租车　上 了。

Nǐ mǎidào nà běn xiǎoshuō　le ma?　*Have you bought that novel?*
(2) 你 买到 那 本　小说 (novel) 了 吗?

Wǒ shàng ge yuè qù Déguó　lǚxíng, zuótiān huídào Shànghǎi.
(3) 我 上 个 月 去 德国 (Germany) 旅行, 昨天　回到　上海。

Nà ge dàxué jì　gěi wǒmen xuéxiào hěn duō shū.
(4) 那 个 大学 寄 (to send) 给 我们　学校　很 多　书。

lián　dōu / yě
3. Emphasis pattern(强调结构): 连……都 / 也……

lián　　　　　　　　　　dōu　yě
"连" is used correlatively with "都" or "也" for emphasis, meaning "even". It can be used to emphasize:

A. An object, and the stressed be put object should be put before the verb or in the beginning of the sentence (e.g. 1); B. A subject (e.g. 2, 3); C. the predicate verb and the verb is often repeated (e.g. 4).

("连"常与"都"或者"也"合用,强调:A. 宾语,被强调的宾语一般放在动词前面或句子开头[例1];B. 主语[例2,3];C.谓语动词,被强调的动词一般要重复[例4])

Cóng jīntiān dào chūqī de piào quánbù màiwán le, lián zhànpiào dōu méiyǒu le.
e.g. (1) 从 今天 到 初七 的 票　全部　卖完 了,连　站票　都　没 有 了。

Zhège wèntí hěn nán, lián lǎoshī dōu bù zhīdao.
(2) 这个 问题 很　难,连 老师 都 不 知道。

Lián xiǎoháizi　yě néng kàndǒng nà běn shū.
(3) 连 小孩子 (child) 也 能　看懂 那 本 书。

Zhè běn shū tā lián kàn yě méi kàn jiù mǎi le.
(4) 这 本 书 他 连 看 也 没 看 就 买 了。

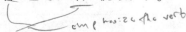

4. Sentence pattern(句型)：只要……就……

This pattern expresses that a certain result is produced under a certain condition. The
structure is: 只要 + condition, 就 + conclusion (这个结构表示在一定条件下产生的一
定结果，其形式为："只要"+ 条件，"就"+ 结论)

e.g. (1)
Zhǐyào néng huí jiā jiù hǎo.
只要 能 回家 就 好。

(2)
Zhǐyào nǐ qù, wǒ jiù qù.
只要 你去，我 就 去。

(3)
Zhǐyào chīle zhè zhǒng yào, bìng jiù néng hǎo.
只要 吃了这 种 药，病 就 能 好。

Chinese idiom (汉语俗语)

Zài jiā kào fùmǔ, chū mén kào péngyou.
在 家 靠 父母，出 门 靠 朋友。

It means: at home, we can depend on our parents; but outside, we may rely on our friends.

Exercises (练习)

1. Word extension (词语扩展) (write two more phrases according to the examples)

kànwán diànshì 看完 电视	xiěwán zuòyè 写完 作业	_____	_____
fàngzài bāo li 放在 包 里	tíngzài qiánmian 停在 前面	_____	_____
mǎidào jīpiào 买到 机票	kàndào lǎoshī 看到 老师	_____	_____
zǒudào chēzhàn 走到 车站	bāndào jiàoshì 搬到 教室	_____	_____
shuìdào zhōngwǔ 睡到 中午	fāndào dì-shí yè 翻到 第十 页	_____	_____
jiègěi péngyou 借给 朋友	jiāogěi lǎoshī 交给 老师	_____	_____
fānyì chéng Hànyǔ 翻译 成 汉语	zhǎngchéng dàren 长成 大人	_____	_____
zuòhǎo wǎnfàn 做好 晚饭	xǐhǎo yīfu 洗好 衣服	_____	_____
dácuò wèntí 答错 问题	shuōcuò míngzi 说错 名字	_____	_____

2. Choose the right words to fill in the blanks (选择正确词语填空)

yǐwéi	dāying	yuánlái	kěndìng	zhǐhǎo	zhǐyào
以为	答应	原来	肯定	只好	只要

Wǒmen qǐng tā lái cānjiā zhège huìyì, tā dāying le.

(1) 我们 请 他 来 参加 这个 会议 (meeting)，他 __答应__ 了。

Wǒ yǐwéi tā qù Yīngguó le.

(2) 我 __以为__ 他 去 英国 了。

Děngle bàn ge xiǎoshí, méiyǒu jiàodào chūzūchē, wǒmen zhǐhǎo zǒu huí jiā.

(3) 等了 半 个 小时，没有 叫到 出租车，我们 __原来__ 走 回 家。   *no other choice*

Tā yuánlái dǎsuan jīnnián Chūn Jié bù huí jiā.

(4) 他 __以为__ 打算 今年 春 节 不 回家。

yǒu xìnxīn jiù yídìng néng chénggōng.

(5) __只要__ 有 信心 (confidence) 就 一定 能 成功 (to succeed)。

Bié dān xīn, tā huì mǎnzú wǒmen de yāoqiú.

(6) 别 担 心，她 __肯定__ 会 满足 (to satisfy) 我们 的 要求 (request)。

3. Choose the correct complement of result (选择正确的结果补语)

Zuótiān wǎnshang nǐ jǐ diǎn huí jiā?

(1) 昨天 晚上 你几点 回 __到__ 家？

A. 完   B. 在   C. 到   D. 好

Zhème piàoliang de lǐwù shì shuí sòng nǐ de?

(2) 这么 漂亮 的礼物 (gift) 是 谁 送 __给__ 你 的？

A. 在   B. 到   C. 给   D. 成

Wǒ xué le yí ge Zhōngguó gē.

(3) 我 学 __会__ 了 一 个 中国 歌。 *singing ~ a skill*

A. 到   B. 掉   C. 会   D. 懂

Xīngqīyī de kǎoshì wǒ hái méiyǒu zhǔnbèi ne.

(4) 星期一的 考试 我 还 没有 准备 __好__ 呢。

A. 好   B. 对   C. 错   D. 干净

Wǒmen zhèli méiyǒu Wáng Lì, nǐ dǎ le.

(5) 我们 这里 没有 王 力，你打 __错__ 了。

A. 好   B. 对   C. 错   D. 到

Xiànzài wǒ néng tīng yìxiē Hànyǔ le.

(6) 现在 我 能 听 __懂__ 一些 汉语 了。

A. 完   B. 见   C. 到   D. 懂

Qǐng guān chuāng, dǎ kōngtiáo.

(7) 请 关 (to close) __到__ 窗，打 __开__ 空调 (air-conditioner)。

A. 完   B. 上   C. 到   D. 开

Nǐ shōu   wǒ zuótiān fā   nǐ de   le ma?

(8) 你 收 (to receive)___到___ 我 昨天 发 (to send)___给___ 你的 e-mail 了吗？

     wán   gěi   dào   kāi

     A. 完   B. 给   C. 到   D. 开

4. Complete the following sentences using the given words (按照要求完成下列句子)

Nǐ zài chī diǎnr ba.

(1) A: 你 再 吃 点儿 吧。   吃腻 nì tired of doing something.

     Bù le,   吃够

     B: 不了, ~~我没吃到了~~ 我吃饱了 。(the complement of result)

(2) A: 你看到这张照片了吗？ ? (the complement of result)

     Nǐ mànmàn kàn, wǒ yǐjīng kànguo le.   or 我想看这本书，你可以借给我吗？

     B: 你 慢慢 看, 我 已经 看过 了。

Zhè jiàn shì yídìng yào bǎomì,   最好   不能告诉。

(3) 这件 事 一定 要 保密 (to keep secret), 连你的朋友都得不知道。

lián dōu / yě

（连……都 / 也……）

Tā   or 连饭也没有吃   jiù qù fēijīchǎng le.   lián   dōu / yě

(4) 他 连~~准备也没~~准备, 就 去 飞机场 了。（连……都 / 也……）

Míngtiān wǎnshang de wǎnhuì nǐ lái ma?

(5) A: 明天 晚上 的 晚会 你 来 吗？

     去   去   zhǐyào   jiù   只要你跟我去，我就去. less formal

     B: 只要那个漂亮的女人~~来~~，我就~~来~~ 。（只要……就……） 只要你陪我去，我就去. more formal

     accompany

Nǐ xiǎng qù shénme dìfang wán?

(6) A: 你 想 去 什么 地方 玩？

     zhǐyào   jiù

     B: 只要我们去这个公园，我就玩 。（只要……就……）

Xià ge xīngqī bàba māma bú zài jiā, wǒ   have to   zhǐhǎo

(7) 下 个 星期 爸爸 妈妈 不在 家, 我 只好喝酒 。（只好）

Nǐ zěnme lái xuéxiào shàng kè le?   不是生病了吗 ↑ or   búshì   ma

(8) 你 怎么 来 学校 上 课 了？ ~~你~~不是走路吗? ？（不是……吗）

Xiǎolóngbāo shì shénme? Hǎochī ma?

(9) A: 小笼包 是 什么？ 好吃 吗？

     不是好吃吗 ←or   búshì   ma

     B: ~~你~~不是听说 小笼包吗？ （不是……吗）

Jīntiān de kǎoshì dàjiā dōu zhǔnbèi hǎo le ma?

(10) A: 今天 的 考试 大家 都 准备 好 了 吗？

     没   búshì   ma

     B: 我们不是可以考试吗? （不是……吗）

     考试不是明天吗？

5. Answer the questions according to the text (根据课文内容回答问题)

Lǐ Dàmíng wèi shénme hái méiyǒu huí jiā?

(1) 李 大明 为 什么 还 没有 回家？

Lǐ Dàmíng wèi shénme bù néng zuò huǒchē huí jiā le?
(2) 李 大明 为 什么 不 能 坐 火车 回 家了？

Lǐ Dàmíng wèi shénme yídìng yào huí jiā?
(3) 李 大明 为 什么 一定 要 回 家？

Wáng Gāng bāng Lǐ Dàmíng mǎidào fēijīpiào le ma?
(4) 王 刚 帮 李 大明 买到 飞机票 了 吗？

Fēijīpiào guì ma? Wèi shénme?
(5) 飞机票 贵 吗？为 什么？

6. Listening comprehension (听力理解)

Vocabulary (生词)

翻译	fānyì	*n. & v.*	translation, translator; to translate
消息	xiāoxi	*n.*	information / news
通知	tōngzhī	*n. & v.*	notice; to notify

Answer the following questions (回答下列问题)

Nán de qǐng nǚ de bāng shénme máng?
(1) 男 的 请 女 的 帮 什么 忙？ look for the translator

Nán de gōngsī xūyào shénmeyàng de fānyì?
(2) 男 的 公司 需要 什么样 的 翻译？ speak two languages

what does this

Nán de gōngsī shénme shíhou xūyào fānyì?
(3) 男 的 公司 什么 时候 需要 翻译？ the sooner the better
越快越好。

Nǚ de dāying bāngzhù nán de ma?
(4) 女 的 答应 帮助 男 的 吗？

7. Group task (小组活动)

Hé nǐ de tóngbàn mónǐ dǎ diànhuà dìng yīnyuèhuì de piào.
(1) 和你的 同伴 模拟 打 电话 订 音乐会 的 票。

(Simulate calling to buy concert tickets with your partner)

Zài Zhōngguó de nóngcūn hái yǒu hěn duō háizi méi qián shàng xué, nǐ juéde yīnggāi
(2) 在 中国 的 农村 还 有 很 多 孩子 没 钱 上 学，你 觉得 应该
zěnme bāngzhù tāmen?
怎么 帮助 他们？

(In China, many countryside children have no money to go to school. How do you think we could help them?)

8. Writing (写写看)

Rúguǒ nǐ yǒu kùnnan yào zhǎo rén bāng máng, nǐ qù zhǎo de dì-yī gè rén huì shì shuí?
如果 你 有 困难 要 找 人 帮 忙，你 去 找 的 第一个 人 会 是 谁？
wèi shénme?
为 什么？

(If you have to ask someone help you, who is the first one you will ask? Why?)

9.   Joke (笑话)

Xiǎo dìdi fēicháng pàng, zài jiā li bú zuò shì.   Yǒu yì tiān, lǎoshī yào xuéshéng xiě yì xiě
小 弟弟 非常   胖，在 家里不 做 事。有 一 天，老师 要   学生   写一写

měi tiān bāng jiā li zuò de shì.   Dìdi bù zhīdao xiě shénme, māma bāng tā xiě:" měi tiān bāng
每 天 帮 家里做 的 事。弟弟不 知道 写 什么，妈妈 帮 他写:"每 天 帮

jiā li chī fàn."
家里吃 饭。"

Unit 20
Traffic

jiāotōng
交通

---

1. Wǒ xiǎng yùdìng yí liàng chūzūchē.　我想预订一辆出租车。
2. Búshì qí zìxíngchē jiùshì zuò　　不是骑自行车就是坐公共汽车。
   gōnggòngqìchē.
3. Mǎi sī chē de rén yě yuèláiyuè duō le.　买私车的人也越来越多了。
4. Búdàn bú huì dǔ chē, érqiě hái kěyǐ　不但不会堵车，而且还可以锻炼身体。
   duànliàn shēntǐ.
5. Yàoshi tiānqì bù hǎo, jiù bǐjiào máfan.　要是天气不好，就比较麻烦。

---

kèwén (Text)

(I)

Gōngzuò rényuán: Nín hǎo, zhèli shì Dàzhòng Gōngsī.

Mǎkè: 　　　　Xiǎojiě, nǐ hǎo. Wǒ xiǎng yùdìng yí liàng chūzūchē.

Gōngzuò rényuán: Hǎo de, nín shénme shíhou yào yòng chē?

Mǎkè: 　　　　Míngtiān shàngwǔ bā diǎn bàn.

Gōngzuò rényuán: Duìbuqǐ, xiānshēng. Zhège shíjiān kěyǐ yùdìng de chē yǐjīng
　　　　　　　　méiyǒu le. Nín míngtiān shàngwǔ tíqián 20 fēnzhōng zài
　　　　　　　　dǎ diànhuà shìshi.

Mǎkè: 　　　　Hǎo ba, xièxie.

(Dì-èr tiān shàngwǔ bā diǎn)

Gōngzuò rényuán: Nín hǎo, zhèli shì
　　　　　　　　Dàzhòng Gōngsī.

Mǎkè: 　　　　Xiǎojiě, nǐ hǎo.
　　　　　　　Wǒ xiànzài xiǎng
　　　　　　　yào yí liàng chū-
　　　　　　　zūchē.

Gōngzuò rényuán: Hǎo de, qǐng wèn
　　　　　　　　nín guì xìng?

Mǎkè: 　　　　Wǒ xìng Mǎ.

Gōngzuò rényuán: Qǐng wèn nín de dìzhǐ?

Mǎkè:　　　　Wǒ zhù zài Hóngqiáo Lù, yìbǎi Lòng, Shànghǎi Huāyuán, sìshíliù hào.

Gōngzuò rényuán: Nín yào qù nǎlǐ?

Mǎkè:　　　　Pǔdōng Guójì Jīchǎng.

Gōngzuò rényuán: Nín de diànhuà shì duōshǎo?

Mǎkè:　　　　Wǒ de diànhuà shì yāo èr sān bā yāo yāo jiǔ jiǔ sān sān qī.

Gōngzuò rényuán: Qǐng shāo děng. Wǒ bāng nín jiào chē.

...

Gōngzuò rényuán: Xiānsheng, nín hǎo, yǒu chē le. Chē dàole dǎ diànhuà gěi nín.　Nín zhīdao diànhuà yùyuē yào fù sì yuán jiàochēfèi ma?

Mǎkè:　　　　Zhīdào, xièxie.

Gōngzuò rényuán: Bú Kèqì.

...

Sījī:　　　　Nín hǎo, shì Mǎ xiānsheng ma?　Nín yào de chūzūchē yǐjīng dào le.

Mǎkè:　　　　Hǎo, wǒ mǎshàng chūqù.

（Ⅱ）

　　Gǎigé kāifàng yǐhòu, Shànghǎi fāzhǎn de fēicháng kuài. Yǐqián, rénmen shàng bān、xià bān, shàng xué、fàng xué, chū mén guàng jiē、zǒuqīn fǎngyǒu, búshì qí zìxíngchē jiùshì zuò gōnggòngqìchē.[1] Xiànzài búdàn yǒule dìtiě hé qīngguǐ, érqiě mǎi sīchē de rén yě yuèláiyuè duō le.[2,3] Búguò háishì yǒu hěn duō rén xǐhuan qí zìxíngchē. Qí zìxíngchē de hǎochu shì shíjiān bǐjiào zìyóu. Zhǐyào suànhǎo shíjiān, yìbān jiù bú huì chídào. Búdàn bú huì dǔ chē, érqiě hái kěyǐ duànliàn shēntǐ. Yàoshi tiānqì bù hǎo, bǐrú guā fēng、xià yǔ、xià xuě, jiù bǐjiào máfan.[4] Suǒyǐ, yǒude rén jiù bù qí zìxíngchē le. Zhèyàng, gōnggòngqìchē、dìtiě hé qīngguǐ jiù huì bǐ píngshí jǐ de duō. Zuò chūzūchē de rén yě bǐ píngshí duō de duō, chángcháng hěn nán jiàodào chūzūchē.

课　文

（一）

工作人员：您好, 这里是大众公司。

马　　克：小姐, 你好。我想预订一辆出租车。

工作人员：好的, 您什么时候要用车?

马　　克：明天上午八点半。

工作人员：对不起,先生。这个时间可以预订的车已经没有了。您明天上午提前 20
分钟再打电话试试。

马　　克：好吧,谢谢。

(第二天上午 8 点)

工作人员：您好,这里是大众公司。

马　　克：小姐,你好。我现在想要一辆出租车。

工作人员：好的,请问您贵姓？

马　　克：我姓马。

工作人员：请问您的地址？

马　　克：我住在虹桥路,100 弄,上海花园,46 号。

工作人员：您要去哪里？

马　　克：浦东国际机场。

工作人员：您的电话是多少？

马　　克：我的电话是 12381199337。

工作人员：请稍等。我帮您叫车。

……

工作人员：先生,您好,有车了。车到了打电话给您。您知道电话预约要付 4 元叫车
费吗？

马　　克：知道,谢谢。

工作人员：不客气。

……

司　　机：您好,是马先生吗？您要的出租车已经到了。

马　　克：好,我马上出去。

(二)

　　改革开放以后,上海发展得非常快。以前,人们上班、下班,上学、放学,出门逛
街、走亲访友,不是骑自行车就是坐公共汽车。¹ 现在不但有了地铁和轻轨,而且买私
车的人也越来越多了。²,³ 不过还是有很多人喜欢骑自行车。骑自行车的好处是时间
比较自由。只要算好时间,一般就不会迟到。不但不会堵车,而且还可以锻炼身体。
要是天气不好,比如刮风、下雨、下雪,就比较麻烦。⁴ 所以,有的人就不骑自行车了。
这样,公共汽车、地铁和轻轨就会比平时挤得多。坐出租车的人也比平时多得多,常
常很难叫到出租车。

Vocabulary (生词语)

1.	提前	tíqián	*v. & adv.*	to bring forward; in advance
2.	贵姓	guì xìng		your surname (respectful)
3.	地址	dìzhǐ	*n.*	address

4. 弄	lòng	*n.*	alley, lane
5. 花园	huāyuán	*n.*	garden
6. 机场	jīchǎng	*n.*	airport
7. 稍	shāo	*adv.*	a little, slightly
8. 预约	yùyuē	*n. & v.*	booking; to book
9. 费	fèi	*n.*	fee
10. 改革开放	gǎigé kāifàng		reform and opening to the outside world
改革	gǎigé	*n. & v.*	reform; to reform
开放	kāifàng	*adj.*	open, not conservative
11. 发展	fāzhǎn	*n. & v.*	development; to develop
12. 上班	shàng bān	*VO*	on duty, to go to work
13. 上学	shàng xué	*VO*	to go to school
14. 放学	fàng xué	*VO*	school is over
15. 逛	guàng	*v.*	to stroll
16. 走亲访友	zǒuqīn fǎngyǒu		to visit relatives and friends
17. 骑	qí	*v.*	to ride
18. 自行车	zìxíngchē	*n.*	bicycle
19. 私	sī	*adj.*	private
20. 越来越	yuèláiyuè		more and more
			Usage: see Language Points
21. 轻轨	qīngguǐ	*n.*	light railway
22. 自由	zìyóu	*n. & adj.*	freedom; free
23. 算	suàn	*v.*	to calculate
24. 不但	búdàn	*conj.*	not only
			Usage: see Language Points
25. 要是	yàoshì	*conj.*	if, suppose
			Usage: see Language Points
26. 平时	píngshí	*n.*	usual time
27. 挤	jǐ	*v. & adj.*	to squeeze; crowded

Handwritten notes:
- 预约券 quàn: book a ticket (next to item 8)
- 逛街 guàngjiē : window shop. (next to item 15)
- 不但 ooo 而且 ooo : not only ooo but also ooo (next to item 24)
- 我平时12点吃中饭,可是今天很晚挺 / need to use pingshi with an exception. (next to item 26)
- 挤牙膏 jǐyágoo: (below item 27)

Useful words & expressions (补充词汇与短语)

1. 拒载	jù zǎi	*VO*	to refuse to carry (passengers)
2. 绕道	rào dào	*VO*	make a detour
3. 乱收费	luàn shōufèi		arbitrary collection of fees
4. 投诉	tóusù	*n. & v.*	complaint; to complain
5. 拒付	jù fù	*VO*	to refuse to pay

Language Points (语言点)

1. **Sentence pattern(句型):** 不 是 **A** 就是 **B**

   bú shì   jiùshì

   A and B are the same kind of words or phrases.   A strictly limited choice or division between A and B. (A 和 B 是同类的词或短语。这个结构表示 A 和 B 中二选一)

   e.g. (1) 人们 不是 骑 自行车 就是 坐   公共汽车。

   Rénmen bùshì qí zìxíngchē jiùshì zuò gōnggòngqìchē.

   (2) 我们 班 的 同学 不是 日本 (Japan)人 就是 韩国 (Korea)人。

   Wǒmen bān de tóngxué bùshì Rìběn rén jiùshì Hánguó rén.

   (3) 最近的 天气 很 不 好, 不是 刮 风 就是 下 雨。

   Zuìjìn de tiānqì hěn bù hǎo, bùshì guā fēng jiùshì xià yǔ.

2. 越 来 越……

   yuè lái yuè

   The construction "越来越" indicates that something changes with the passage of time. ("越来越……"表示情况随着时间而改变)

   yuèláiyuè

   e.g. (1) 买 私车 的 人 也 越来越 多 了。

   Mǎi sīchē de rén yě yuèláiyuè duō le.

   (2) 天气 越来越 热了。

   Tiānqì yuèláiyuè rè le.

   (3) 他 说 汉语 说 得 越来越 好 了。

   Tā shuō Hànyǔ shuō de yuèláiyuè hǎo le.

   ✹ There is a similar construction "越 **A** 越 **B**". (相似的结构是"越 A 越 B")

   yuè yuè

   Please compare: (4)他 的 汉语 越 说 越 好 了。

   Tā de Hànyǔ yuè shuō yuè hǎo le.

   Can you tell what the difference between these two constructions is? (你能说出两个结构的不同点在哪里吗？)

   Write your answer here: (把你的答案写在这里)

   _____

   _____

   _____

yuè   yuè

The construction "越 A 越 B" indicates that the degree of B increases with the increase of A. The subject of A and B may be either the same or different. ("越 A 越 B"表示 B 的程度随着 A 的变化而改变)

Yǔ yuè xià yuè dà le.

e.g. (5) 雨 越 下 越 大 了。

Zhège gē zhēn hǎotīng, wǒ yuè tīng yuè ài tīng.

(6) 这个 歌 真 好听，我 越 听 越 爱 听。

búdàn   érqiě

3. **The paired conjunctions(关联结构): 不但……而且……**

búdàn   érqiě   hái   yě

"不但" is used correlatively with "而且", "还" or "也", meaning "not only... but also...". ("不但"常与"而且"、"还"或者"也"连用,表示递进关系)

Búdàn yǒule dìtiě hé qīngguǐ, érqiě mǎi sīrén qìchē de rén yě yuèláiyuè duō le.

e.g. (1) 不但 有了地铁 和 轻轨，而且 买 私人汽车 的 人 也 越来越 多 了。

Búdàn bú huì dǔ chē, érqiě hái kěyǐ duànliàn shēntǐ.

(2) 不但 不 会 堵 车，而且 还 可以 锻炼 身体。

Tā búdàn huì shuō Hànyǔ, érqiě huì shuō Yīngyǔ hé Rìyǔ.

(3) 他 不但 会 说 汉语，而且 会 说 英语 和 日语 (Japanese)。

yàoshi   de huà   jiù

4. **Sentence pattern(句型): 要是……(的 话)，就……**

rúguǒ

It also indicates a supposition. The meaning and the usage is as the same as "如果……

de huà   jiù

(的 话)，就……". (这一句型也表示假设,意思和用法同"如果……(的 话)，就……")

Yàoshi tiānqì bù hǎo, bǐrú guā fēng, xià yǔ, xià xuě, jiù bǐjiào máfan.

e.g. (1) 要是 天气 不 好,比如 刮 风、下 雨、下 雪,就 比较 麻烦。

Yàoshi nǐ bú qù, wǒ jiù bú qù.

(2) 要是 你不去，我 就 不 去。

Yàoshi bù néng qù de huà, jiù zǎo yìdiǎn gàosù wǒ.

(3) 要是 不 能 去 的 话，就 早 一 点 告诉 我。

Chinese idiom (汉语俗语)

Yì yán jì chū, sì mǎ nán zhuī.

一言 既 出，驷马 难 追。

A word-for-word translation of this idiom is: a statement that once lets loose cannot be caught by four galloping horses. It metaphorizes: a word spoken is past recalling.

(这句俗语的字面意思是:一句话说出了口,就是套四匹马的车也追不上。形容话说出之后,无法再收回)

Exercises (练习)

1. Fill in the blanks with the proper objects (填写合适的动宾搭配词)

shàng   xià   chū

上＿＿＿＿＿   下＿＿＿＿＿   出＿＿＿＿＿

guàng   zǒu fǎng

逛＿＿＿＿＿   走＿＿访＿＿＿

2. Choose the right words to fill in the blanks (选择正确词语填空)

tíqián   kāifàng   fāzhǎn   zìyóu   píngshí

提前   开放   发展   自由   平时

     Zhōngguó shì   zhōng de dì-sān shìjiè   guójiā.

(1) 中国 是 <u>发展</u> 中 的 第三 世界 (the third world) 国家。

     Kāi huì de shíjiān cóng zhōumò   dào xīngqīsān le.

(2) 开会 的 时间 从 周末 <u>平时</u> 到 星期三 了。

     Yí ge rén shēnghuó shì bu shì bǐ jié hūn de rén shēnghuó   de duō?

(3) 一个人 生活 是 不是 比 结婚 的 人 生活 <u>自由</u> 得 多?

     bù nǔlì de rén bù kěnéng yìzhí chénggōng.

(4) <u>提前</u> 不 努力 的 人 不 可能 一直 成功。

     Zài   de Zhōngguó nǐ kěyǐ zhǎodào hěn duō de jīhuì.

(5) 在 <u>开放</u> 的 中国 你 可以 找到 很 多 的 机会 (opportunity)。

3. Choose the right position (选择正确的位置)

     wǒ qù   jiùshì tā qù, wǒmen zhōng yǒu yí ge rén huì qù de.   bú shì

(1) A 我 B 去 C 就是 他 去，我们 中 D 有 一 个 人 会 去 的。(不 是)

                                                  答案: <u>A</u>

     Wǒ búdàn hē kāfēi, érqiě xǐhuan hē hěn nóng   de kāfēi. xǐhuan

(2) 我 A 不但 B 喝 C 咖啡 D，而且 喜欢 喝 很 浓 (strong) 的 咖啡。(喜欢)

                                                  答案: <u>B</u>

     Yàoshi bù xiǎng qù de huà, nǐ búyào qù. jiù

(3) 要是 A 不 想 去 的 话，B 你 C 不要 D 去。(就)   答案: <u>C</u>

     Xià yǔ de shíhou, zuò chūzūchē de rén bǐ píngshí duō. hěn duō

(4) 下雨 的 时候，坐 出租车 的 人 A 比 B 平时 C 多 D。(很 多)   答案: <u>D</u>

     zhè jiàn yīfu wǒ xǐguo le. yǐjīng

(5) A 这 件 衣服 B 我 C 洗过 了 D。(已经)   答案: <u>C</u>

4. **Describe the following pictures using "越来越" or "越 A 越 B"** (用"越来越"或者"越
   A 越 B"描述下列图片)

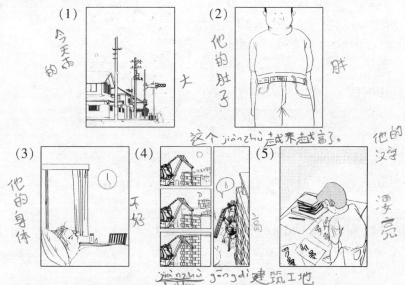

5. **Answer the questions according to the text** (根据课文内容回答问题)

(1)　以前，在　上海，人们　怎么　上　下　班？
　　　Yǐqián, zài Shànghǎi, rénmen zěnme shàng xià bān?

(2)　现在，在　上海，人们　怎么　上　下　班？
　　　Xiànzài, zài Shànghǎi, rénmen zěnme shàng xià bān?

(3)　改革　开放　以后，上海　有　什么　变化 (change)？
　　　Gǎigé kāifàng yǐhòu, Shànghǎi yǒu shénme biànhuà?

(4)　骑　自行车　的　好处　是　什么？
　　　Qí zìxíngchē de hǎochu shì shénme?

(5)　天气　不　好　的　时候，上海　的　交通　怎么样？
　　　Tiānqì bù hǎo de shíhou, Shànghǎi de jiāotōng zěnmeyàng?

6. **Reading and retell** (阅读与复述)

英国　首都 (capital) 伦敦 (London) 对　出租车　的　管理 (management) 和　要求
Yīngguó shǒudū　Lúndūn　duì chūzūchē de guǎnlǐ　hé yāoqiú

有　一　套　办法。出租车　招　手 (beckon) 即　停，没有　拒载　和　乱　收费　现
yǒu yí tào bànfǎ. Chūzūchē zhāo shǒu　jí tíng, méiyǒu jù zǎi hé luàn shōufèi xiàn-

象 (phenomenon)，给　游客　留下了　难忘　的　印象 (impression)。
xiàng,　gěi yóukè liúxiàle nánwàng de yìnxiàng.

在　意大利 (Italy) 首都　罗马 (Rome)，因为　出租车　数量　有限 (finite)，因此
Zài Yìdàlì　shǒudū Luómǎ,　yīnwèi chūzūchē shùliàng yǒuxiàn,　yīncǐ

一　个　人　想　干　这　一　行，必须　等　一　位　驾驶员(driver) 退休(to retire) 后　才
yí ge rén xiǎng gàn zhè yì háng, bìxū děng yí wèi jiàshǐyuán　tuìxiū　hòu cái

能　补上。
néng bǔshàng.

新加坡　出租车　驾驶员　遵守(to abide by) 交通　规则(regulations)和　国家　各　项
Xīnjiāpō chūzūchē jiàshǐyuán zūnshǒu　jiāotōng guīzé　hé guójiā gè xiàng

fǎguī,   tígōng   rèqíng zhōudào   de fúwù.   Tāmen

法规 (laws and regulations)，提供 (to provide) 热情　周到 (considerate) 的 服务。他们

jīngcháng duì wàiguó yóukè shuō:" zài wǒmen Xīnjiāpō, yíqiè dōu yào ànzhào

经常　对　外国　游客　说："在　我们　新加坡，一切　都　要　按照 (according to)

guīju   bàn, kě bù néng luàn lái a! "

规矩 (rule) 办，可　不　能　乱　来　啊！"

7. Listening comprehension (听力理解)

Vocabulary (生词)

头等舱	tóuděngcāng	*n.*	first-class cabin
旅行社	lǚxíngshè	*n.*	travel agency

Answer the following questions (回答下列问题)

Nán de wèi shénme zhème zháojí?

(1) 男 的 为 什么 这么 着急？

Hángkōng gōngsī gěile tāmen shénme jiànyì?

(2) 航空　公司 给了他们　什么　建议？

Nán de mǎidào fēijīpiào le ma?

(3) 男 的 买到 飞机票 了 吗？

Nán de duì mǎidào de fēijīpiào mǎnyì ma?

(4) 男 的 对 买到 的飞机票 满意 吗？

8. Group task (小组活动)

Hé nǐ de tóngbàn mónǐ dǎ diànhuà jiào chūzūchē.

(1) 和 你的 同伴 模拟打 电话 叫 出租车。

(Simulate making a phone to call a taxi with your partner)

Hé nǐ de tóngbàn mónǐ dǎ diànhuà dào chūzūchē gōngsī tóusù chūzūchē sījī.

(2) 和 你的 同伴 模拟 打 电话 到 出租车 公司 投诉 出租车司机。

(Simulate making a phone to complain the taxi driver with your partner)

9. Writing (写写看)

Jièshào yíxià nǐmen chéngshì de jiāotōng qíngkuàng.

介绍 一下你们　城市　的 交通　　情况。

(Introduce the traffic situation in your city)

10. Joke (笑话)

Yí ge sījī jiǔ hòu kāi chē. zhuàngshāngle lù biān de xíngrén. Jiāotōng jǐngchá duì sījī

一 个司机 酒后 开 车，　撞伤了　路边 的 行人。交通　警察 对 司机

shuō:" jiǔ hòu kāi chē, yào zhòng fá."   Sījī dǎzhe jiǔgé   shuō:" fá jiù

说："酒后 开 车，要　　重　罚 (penalize)。"司机 打着 酒嗝 (belch) 说，"　罚　就

fá ba! Nǐ shuō, sān bēi háishì wǔ bēi?"

罚 吧！你 说，三 杯 还是 五 杯？

Unit 21

Shopping

gòuwù
购物

---

1. Qǐng gěi wǒ kànkan zhè kuǎn shǒujī.
2. Chúle dǎ diànhuà yǐwài, hái kěyǐ zhào xiàng.
3. Duō hésuàn a!
4. Hēisè de méiyǒu yínsè de piàoliang.
5. Wúlùn shì zài dà shāngchǎng háishì zài xiǎo shāngdiàn, mǎi dōngxi dōu yào tǎo jià huán jià.

请给我看看这款手机。
除了打电话以外，还可以照相。
多合算啊！
黑色的没有银色的漂亮。
无论是在大商场还是在小商店，买东西都要讨价还价。

kèwén (Text)

（ I ）

(Zài shǒujī shāngdiàn)

Shòuhuòyuán: Xiānsheng, nǐ yào mǎi shǒujī ma?

Mǎkè: Duì, wǒ xiān kànkan.

...

Mǎkè: Xiǎojiě, qǐng gěi wǒ kànkan zhè kuǎn shǒujī.

Shòuhuòyuán: Hǎo de. Nǐ de yǎnlì zhēn búcuò, zhè kuǎn shǒujī shì wǒmen gōngsī gānggāng tuīchū de zuì xīn xínghào.

Mǎkè: Yǒu xiē shénme gōngnéng?

Shòuhuòyuán: Tā de gōngnéng fēicháng qíquán. Chúle dǎ diànhuà、fā duǎnxiāoxi de yìbān gōngnéng yǐwài, hái kěyǐ zhào xiàng、lù yīn、tīng yīnyuè、kàn diànyǐng.[1]

Mǎkè: Kěyǐ shàng wǎng ma?

Shòuhuòyuán: Dāngrán kěyǐ. Zhǐ huā yí bù shǒujī de qián, què děngyú mǎi-le hěn duō zhǒng shùmǎ chǎnpǐn. Shùmǎ xiàngjī、MP sì、lùyīnbǐ dōu bú yòng mǎi le, duō hésuàn a![2]

MăKè:　　　　Gōngnéng tài duō, yě kěnéng róngyì huài.

Shòuhuòyuán: Wǒmen gōngsī de chǎnpǐn zhìliàng nǐ kěyǐ juéduì fàngxīn. Wǒmen hái tígōng yì nián de miǎnfèi bǎoxiū fúwù. Érqiě, gōngsī xiànzài zhèngzài cùxiāo, mǎi zhè kuǎn shǒujī kěyǐ sòng nǐ sìbǎi yuán de huàfèi. Nǐ mǎile yídìng bú huì hòuhuǐ de.

Măkè:　　　　Wǒ yǐqián de shǒujī yě shì zhège páizi, nǐ kàn yíxià, diànchí hé chōngdiànqì hái néng yòng ma?

Shòuhuòyuán: Méi wèntí, hái néng yòng.

Măkè:　　　　Néng zài piányi yìdiǎn ma?

Shòuhuòyuán: Ňg, gěi nǐ dǎ ge jiǔ zhé ba.

Măkè:　　　　Nà hǎo ba, wǒ jiù mǎi zhè kuǎn le.

Shòuhuòyuán: Yínsè hé hēisè, nǐ xǐhuan nǎ zhǒng yánsè?

Măkè:　　　　Hēisè de méiyǒu yínsè de piàoliang,³ wǒ yào yínsè de.

Shòuhuòyuán: Hǎo de. Wǒmen xiān lái shì yíxià jī.

(Ⅱ)

　　(Bèixī shuō) Zhōngguó de shāngdiàn zhōumò hé jiérì dōu yíngyè, yǒu kòng de shíhou, wǒ hěn xǐhuan qù guàng jiē mǎi dōngxi. Mǎi dōngxi hái kěyǐ duànliàn zìjǐ de Hànyǔ kǒuyǔ hé tīnglì nénglì. Zhèli de dōngxi jiàgé bǐjiào piányi, érqiě zhìliàng yě búcuò. Guò nián、guò jié、huàn jì de shíhou, shāngdiàn cùxiāo, shāngpǐn dǎ zhé, kěyǐ mǎidào gèng piányi de dōngxi. Suǒyǐ wǒ mǎile hěn duō bú tài yǒuyòng de dōngxi. Wúlùn shì zài dà shāngchǎng háishì zài xiǎo shāngdiàn, mǎi dōngxi dōu yào tǎo jià huán jià.⁴ Kāishǐ de shíhou, wǒ bú tài xíguàn. Búguò, xiànzài yǐjīng wánquán méiyǒu wèntí le.

课　文

（一）

（在手机商店）

售货员：先生,你要买手机吗？

马　克：对,我先看看。

……

马　克：小姐,请给我看看这款手机。

售货员：好的。你的眼力真不错,这款手机是我们公司刚刚推出的最新型号。

马　克：有些什么功能？

售货员：它的功能非常齐全。除了打电话、发短消息的一般功能以外,还可以照相、录音、听音乐、看电影。¹

马　克：可以上网吗？

售货员：当然可以。只花一部手机的钱，却等于买了很多种数码产品。数码相机、
　　　　MP4、录音笔都不用买了，多合算啊！[2]

马　克：功能太多，也可能容易坏。

售货员：我们公司的产品质量你可以绝对放心。我们还提供一年的免费保修服务。
　　　　而且，公司现在正在促销，买这款手机可以送你400元的话费。你买了一定
　　　　不会后悔的。

马　克：我以前的手机也是这个牌子，你看一下，电池和充电器还能用吗？

售货员：没问题，能用的。

马　克：能再便宜一点吗？

售货员：嗯，给你打个九折吧。

马　克：那好吧，我就买这款了。

售货员：银色和黑色，你喜欢哪种颜色？

马　克：黑色的没有银色的漂亮，[3]我要银色的。

售货员：好的。我们先来试一下机。

（二）

　　（贝西说）中国的商店周末和节日都营业，有空的时候，我很喜欢去逛街买东
西。买东西还可以锻炼自己的汉语口语和听力能力。这里的东西价格比较便宜，而
且质量也不错。过年、过节、换季的时候，商店促销，商品打折，可以买到更便宜的东
西。所以我买了很多不太有用的东西。无论是在大商场还是在小商店，买东西都要
讨价还价。[4]开始的时候，我不太习惯。不过，现在已经完全没有问题了。

Vocabulary (生词语)

1. 商店	shāngdiàn	*n.*	store, shop
2. 款	kuǎn	*MW*	type (formal)
3. 眼力	yǎnlì	*n.*	judgment, taste
4. 刚刚	gānggāng	*adv.*	just
5. 推	tuī	*v.*	to produce or make sth. appear
6. 型号	xínghào	*n.*	model, type
7. 功能	gōngnéng	*n.*	function
8. 齐全	qíquán	*adj.*	complete
9. 除了	chúle	*prep.*	besides, except
			Usage: see Language Points
10. 发	fā	*v.*	to send
11. 短消息	duǎnxiāoxi	*n.*	short message

12.	一般	yìbān	*adj.*	ordinary
13.	照相	zhào xiàng	*VO*	to take a photo
14.	录音	lù yīn	*VO*	to record
15.	音乐	yīnyuè	*n.*	music
16.	电影	diànyǐng	*n.*	movie
17.	上网	shàng wǎng	*VO*	to surf on the internet
18.	部	bù	*MW*	for movie, novel, etc.
19.	却	què	*adv.*	but
20.	等于	děngyú	*v.*	to be equal to
21.	数码	shùmǎ	*adj.*	digital
22.	产品	chǎnpǐn	*n.*	production
23.	合算	hésuàn	*adj.*	cost-efficient, reasonable
24.	坏	huài	*adj.*	broken (for machine), rotten (for fruit, milk)
25.	质量	zhìliàng	*n.*	quality
26.	绝对	juéduì	*adj. & adv.*	absolute; absolutely
27.	放心	fàng xīn	*VO*	to feel relieved
28.	提供	tígōng	*v.*	to provide
29.	免费	miǎnfèi	*adj.*	free of charge
30.	保修	bǎoxiū	*n. & v.*	guarantee to keep something in good repair
31.	促销	cùxiāo	*n. & v.*	a sales promotion; to have a sales promotion
32.	后悔	hòuhuǐ	*v. & adj.*	to regret; regretful
33.	电池	diànchí	*n.*	battery
34.	充电器	chōngdiànqì	*n.*	charger
35.	银色	yínsè	*n.*	silver
36.	节日	jiérì	*n.*	festival
37.	营业	yíngyè	*n. & v.*	opening hours (for shops); to be open
38.	口语	kǒuyǔ	*n.*	spoken language
39.	听力	tīnglì	*n.*	aural comprehension
40.	能力	nénglì	*n.*	capability
41.	无论	wúlùn	*conj.*	no matter what (how)

Usage: see Language Points

42.	商场	shāngchǎng	*n.*	shopping mall
43.	讨价还价	tǎo jià huán jià		to bargain
44.	习惯	xíguàn	*n. & v.*	habit, custom; to get used to

Language Points (语言点)

1. Sentence pattern(句型): 除了……(以外), ……
chúle yǐwài

"除了……(以外)" indicates in addition to or besides when it is followed by adverbs such
chúle yǐwài

as"还 / 也". (e.g. 1, 2) ("除了"跟"还"、"也"连用,表示在什么之外,还有别的)"除了……
hái / yě chúle

(以外)" also means except, often followed by adverbs such as "都 / 全 / 没(有) / 不".
yǐwài dōu / quán / méiyǒu / bù

(e.g. 3, 4) ("除了"跟"都"、"全"、"没(有)"、"不"连用,表示所说的不计算在内)

e.g. (1) 除了 打 电话、发 短消息 的 一般 功能 以外,还 可以 照 相、
Chúle dǎ diànhuà、fā duǎnxiāoxi de yìbān gōngnéng yǐwài, hái kěyǐ zhào xiàng、
录 音、听 音乐、看 电影。
lù yīn、tīng yīnyuè、kàn diànyǐng.

(2) 除了 英语,她 还 会 说 日语 和 法语 (French)。
Chúle Yīngyǔ, tā hái huì shuō Rìyǔ hé Fǎyǔ.

(3) 除了 英语,别的 语言 (language) 我 都 不 会 说。
Chúle Yīngyǔ, biéde yǔyán wǒ dōu bú huì shuō.

(4) 除了 老 王,没 人 去过 那里。
Chúle Lǎo Wáng, méi rén qùguo nàli.

2. Exclamation pattern(感叹结构): 多……啊!
duō a

$$\boxed{\text{多 + adj. + 啊!}}$$
duō a

The structure shows an exclamatory tone. (句型 $\boxed{\text{"多"+形容词+"啊"}}$ 表示感叹的语气)

e.g. (1) 多 合算 啊!
Duō hésuàn a!

(2) 今天 的 天气 多 好 啊!
Jīntiān de tiānqì duō hǎo a!

(3) 这里 的 风景 (scenery) 多 美 啊!
Zhèlǐ de fēngjǐng duō měi a!

3. Comparison (2)(比较): A + 没有 + B + adj.
méiyǒu

This is the negative form of $\boxed{\text{A + 比 + B + adj. (+ the degree words/the difference)}}$. (句型
bǐ

$\boxed{\text{A +"没有"+ B + 形容词}}$ 是"比"字句 $\boxed{\text{A +"比"+ B + 形容词}}$ 的否定形式)

e.g. (1) 黑色 的 没有 银色 的 漂亮。
Hēisè de méiyǒu yínsè de piàoliang.

(2) 今天 没有 昨天 冷。
Jīntiān méiyǒu zuótiān lěng.

Wǒ de Hànyǔ shuō de méiyǒu tā hǎo.

(3) 我 的 汉语 说 得 没有 他 好。

4. **Sentence pattern(句型): 无论……都……**

   wúlùn dōu

   This pattern indicates that the situation will happen regardless of the condition. Close after

   wúlùn

   "无论", it must be a choice or degree phrase. (这个结构表示不管条件怎么样结果都不改变。"无论"之后必须是表示选择或程度的短语)

   Wúlùn shì zài dà shāngchǎng háishì zài xiǎo shāngdiàn, mǎi dōngxi dōu yào tǎo

   e.g. (1) 无论 是 在 大 商场 还是 在 小 商店，买 东西 都 要 讨

   jià huán jià.

   价 还 价。(choice)

   Zhè jiàn yīfu tài piàoliang le, wúlùn duō guì, wǒ dōu yào mǎi.

   (2) 这 件 衣服 太 漂亮 了，无论 多 贵，我 都 要 买。(degree)

   Wúlùn tiānqì duōme lěng, tā měitiān zǎoshang dōu chūqù pǎo bù.

   (3) 无论 天气 多么 冷，他 每天 早上 都 出去 跑 步。(degree)

Chinese idiom (汉语俗语)

Piányi méi hǎo huò, hǎo huò bù piányi.

便宜 没 好 货，好 货 不 便宜。

It means cheap things usually are not good, and good things are not cheap.

Exercises (练习)

1. **Word extension (词语扩展)**

   duō   a
   多 _____ 啊

   duō   a
   多 _____ 啊

   duō   a
   多 _____ 啊

   duō   a
   多 _____ 啊

   duō   a
   多 _____ 啊

2. **Choose the right words to fill in the blank** (选择正确词语填空)

xiāoxi	fàng xīn	miǎnfèi	bǎoxiū	hòuhuǐ	nénglì
消息	放心	免费	保修	后悔	能力

Zhè shì nín de _____ kǎ, qǐng náhǎo.

(1) 这 是 您 的 _____ 卡，请 拿好。

Zhèxiē dōu shì _____ sòng de, bú yào qián.

(2) 这些 都 是 _____ 送 的，不 要 钱。

Nǐ _____ wǒ yídìng búhuì gàosù bié de rén.

(3) 你 _____ 我 一定 不会 告诉 别 的 人。

Wǒ zhēnde hěn _____ gēn tā shuōle nàyàng de huà.

(4) 我 真的 很 _____ 跟 她 说了 那样 的 话。

Wǒmen yǐjīng hěn cháng shíjiān méiyǒu tīngdào tā de _____ le.

(5) 我们 已经 很 长 时间 没有 听到 他 的 _____ 了。

Wǒ yí ge rén méiyǒu _____ wánchéng zhège gōngzuò, dàjiā yào yìqǐ nǔlì.

(6) 我 一个 人 没有 _____ 完成 (finish) 这个 工作，大家 要 一起 努力。

3. **Change the following sentences into negative form using "没有"** (用"没有"把下列句子改成否定形式)

Jīntiān bǐ zuótiān rè hěn duō.

(1) 今天 比 昨天 热 很 多。

Zhè jiàn yīfu bǐ nà jiàn yīfu piàoliang.

(2) 这 件 衣服 比 那 件 衣服 漂亮。

Xiǎo Wáng bǐ Xiǎo Zhāng dà yí suì.

(3) 小 王 比 小 张 大 一岁。

Chī Rìběncài bǐ Zhōngguócài guì.

(4) 吃 日本菜 比 中国菜 贵。

Tā pǎo de bǐ wǒ kuài.

(5) 他 跑 得 比 我 快。

4. **Fill in the blanks with "都、还、也", then translate the sentences into English** (用"都、还、也"填空并将句子翻译成英语)

Chúle xiǎoshuō, biéde shū wǒ _____ bú ài kàn.

(1) 除了 小说，别的 书 我 _____ 不 爱 看。

Wǒ měitiān chúle gōngzuò yǐwài, _____ yào xuéxí Hànyǔ.

(2) 我 每天 除了 工作 以外，_____ 要 学习 汉语。

Wǒmen jiā chúle wǒ yǐwài, wǒ de érzi _____ xǐhuan chī jī.

(3) 我们 家 除了 我 以外，我 的 儿子 _____ 喜欢 吃 鸡。

Chúle zhōumò, wǒ měitiān _____ qù xuéxiào xuéxí.

(4) 除了 周末，我 每天 _____ 去 学校 学习。

Chúle wǒ shēng bìng bù néng qù, biéde tóngxué míngtiān _____ yào qù lǚxíng.

(5) 除了 我 生 病 不 能 去，别的 同学 明天 _____ 要 去 旅行。

Xiàwǔ wǒ chúle yào xǐ yīfu, _____ yào péi péngyou qù mǎi dōngxi.

(6) 下午 我 除了 要 洗 衣服，_____ 要 陪 朋友 去 买 东西。

5. Rewrite the sentences with the given words (用所给词语改写下列句子)

Wǒ mǎile miànbāo、 niúnǎi hé jīdàn. chúle
(1) 我 买了 面包 (bread)、牛奶 (milk) 和 鸡蛋 (egg)。 (除了)

Māma、jiějie hé wǒ dōu xǐhuan chī là de cài. chúle
(2) 妈妈、姐姐 和 我 都 喜欢 吃 辣 的 菜。 (除了)

Lái Zhōngguó yǐhòu, wǒ zhǐ qùguò Běijīng hé Shànghǎi. chúle
(3) 来 中国 以后,我 只 去过 北京 和 上海。 (除了)

Míngtiān wǒ yídìng qù, xià yǔ yě qù. wúlùn
(4) 明天 我 一定 去,下 雨 也 去。 (无论)

Nǐ méiyǒu qián, wǒ háishì hěn xǐhuan nǐ. wúlùn
(5) 你 没有 钱,我 还是 很 喜欢 你。 (无论)

Bàba māma gēn tā shuōle hěn duō huà, tā dōu bù tīng. wúlùn
(6) 爸爸 妈妈 跟 她 说了 很 多 话, 她 都 不 听。 (无论)

6. Answer the questions according to the text (根据课文内容回答问题)

Mǎkè mǎi de shǒujī yǒu shénme gōngnéng?
(1) 马克 买 的 手机 有 什么 功能?

Mǎkè mǎile shénme yánsè de shǒujī? Wèi shénme?
(2) 马克 买了 什么 颜色 的 手机? 为 什么?

Nǐ juéde Mǎkè mǎi de shǒujī hésuàn ma? Wèi shénme?
(3) 你 觉得 马克 买 的 手机 合算 吗? 为 什么?

Bèixī wèi shénme xǐhuan guàng jiē mǎi dōngxi?
(4) 贝西 为 什么 喜欢 逛 街 买 东西?

Shénme shíhou néng mǎidào piányi de dōngxi?
(5) 什么 时候 能 买到 便宜 的 东西?

7. Reading comprehension (阅读理解)

Xuǎnzé yuè duō yuè hǎo, zhè jīhū chéngle rénmen shēnghuó zhōng de gòngshí
选择 越 多 越 好, 这 几乎 (almost) 成了 人们 生活 中 的 共识

Dànshì, zuìjìn Měiguó liǎng suǒ dàxué de yánjiū biǎomíng:
(common understanding)。但是, 最近 美国 两 所 大学 的 研究 (research) 表明:

xuǎnxiàng yuè duō fǎn'ér kěnéng yuè zāo. Kēxuéjiā
选项 (option) 越 多 反而 可能 越 糟 (in a terrible state)。科学家 (scientists)

zuòle yí xìliè shíyàn, qízhōng yǒu yí ge shì ràng yì zǔ bèicèshìzhě
做了 一 系列 (a series of)实验(experiment),其中 有 一 个 是 让 一 组 被测试者

zài liù zhǒng qiǎokèlì zhōng, xuǎnzé zìjǐ xiǎng mǎi de, lìngwài yì zǔ zài sānshí
在 六 种 巧克力 (chocolate) 中, 选择 自己 想 买 的, 另外 一 组 在 三十

zhǒng qiǎokèlì zhōng xuǎnzé. Jiéguǒ hòu yì zǔ zhōng yǒu gèngduō rén gǎndào suǒ xuǎn de
种 巧克力 中 选择。结果 后 一组 中 有 更多 人 感到 所选 的

qiǎokèlì bú tài hǎochī, duì zìjǐ de xuǎnzé yǒudiǎn hòuhuǐ.
巧克力 不 太 好吃, 对 自己 的 选择 有点 后悔。

Lìng yí ge shíyàn shì zài yí ge chāoshì jìnxíng de. Gōngzuòrényuán zài chāoshì li shèzhì
另 一个 实验 是 在 一个 超市 进行 的。工作人员 在 超市里 设置

le liǎng ge guǒjiàng shì chī tānwèi, yí ge yǒu liù zhǒng kǒuwèi, lìng yí ge
(to set up)了 两 个 果酱 (jam)试 吃 摊位 (stall),一个 有 六 种 口味,另 一个

yǒu èrshísì zhǒng kǒuwèi. Jiéguǒ xiǎnshì yǒu èrshísì zhǒng kǒuwèi de tānwèi xīyǐn de gùkè jiào
有 二十四 种　口味。结果 显示 有 二十四 种　口味 的 摊位 吸引的 顾客 较

duō. Búguò zài yǒu liù zhǒng kǒuwèi de tānwèi qián tíngxià de gùkè zhōng bǎi fēnzhī sānshí
多。不过 在 有 六 种　口味 的 摊位 前 停下 的 顾客 中　　30%

dōu zhìshǎo mǎile yì píng guǒjiàng, ér zài yǒu èrshísì zhǒng kǒuwèi de tānwèi qián zhǐyǒu
都 至少 买了一瓶　果酱，而 在 有 二十四 种　口味 的 摊位　前 只有

bǎi fēnzhī sān de rén gòumǎi.
3%　的人　购买。

True or False (判断正误)

Rénmen yìzhí rènwéi xuǎnzé yuè duō yuè hǎo.
(1) 人们　一直认为 选择 越 多 越 好。　　　　　　　　　　　(　)

Shíyàn zhōng hěn duō rén gǎndào xuǎn de qiǎokèlì bù hǎochī, yīnwèi xuǎnzé tài shǎo.
(2) 实验　中　很 多 人 感到　选 的 巧克力 不 好吃，因为 选择 太 少。
　　　　　　　　　　　　　　　　　　　　　　　　　　　　　　(　)

Shíyàn biǎomíng: kǒuwèi duō de tānwèi, xīyǐn de gùkè jiào duō.
(3) 实验　表明：口味 多 的 摊位，吸引的 顾客 较 多。　　　(　)

Shíyàn biǎomíng: kǒuwèi duō de tānwèi, mǎi dōngxi de gùkè yě jiào duō.
(4) 实验　表明：口味 多 的 摊位，买 东西 的 顾客 也 较 多。　(　)

Liǎng ge shíyàn dédào de jiéguǒ shì yíyàng de.
(5) 两 个 实验 得到 的 结果 是 一样 的。　　　　　　　　　(　)

8.　Listening comprehension (听力理解)

Vocabulary (生词)

名牌	míngpái	*n.*	name brand
否则	fǒuzé	*conj.*	otherwise
口袋	kǒudài	*n.*	pocket

Choose the right answer (选择正确答案)

Zhège bāo yuánlái duōshǎo qián?
(1) 这个 包 原来 多少　钱?

wǔbǎi yuán　　　　sìbǎi yuán　　　　sānbǎi wǔshí yuán　　èrbǎi wǔshí yuán
A. 500 元　　　B. 400 元　　　C.　350　元　　D.　250　元

Nǚ de yòng duōshǎoqián mǎile bāo?
(2) 女 的 用　多少钱 买了 包?

wǔbǎi yuán　　　　sìbǎi yuán　　　　èrbǎi qīshíwǔ yuán　　èrbǎi wǔshí yuán
A. 500 元　　　B. 400 元　　　C.　275　元　　D. 250 元

Nǚ de wèi shénme méiyǒu mǎi dì-èr ge bāo?
(3) 女 的 为 什么　没有 买 第二个 包?

yǒudiǎnr zāng　　　　　　　　　　　yánsè bù hǎokàn
A. 有点儿 脏　　　　　　　　　　B. 颜色 不 好看

kǒudài bù duō　　　　　　　　　　yàngzi bù hǎo
C. 口袋 不 多　　　　　　　　　D. 样子 不 好

9. Group task (小组活动)

Gēn nǐ de tóngzhuō xiàng biéde tóngxué tuīxiāo nǐmen de chǎnpǐn.

(1) 跟 你 的 同桌 向 别的 同学 推销 你们 的 产品。

(Promote a product to your classmates with your partner)

Gàosù tóngxuémen, nǐ mǎi dōngxi de shíhou zuì zhùzhòng shénme fāngmiàn?

(2) 告诉 同学们，你 买 东西 的 时候 最 注重 什么 方面？

(Tell your classmates, what is the most important aspect when you buy things?)

10. Writing (写写看)

Nǐ tóngyì "piányi méi hǎo huò, hǎo huò bù piányi" de shuōfǎ ma?

你 同意 "便宜 没 好 货，好 货 不 便宜" 的 说法 吗？

piányi méi hǎo huò, hǎo huò bù piányi

(What do you think about "便宜 没 好 货，好 货 不 便宜"？)

11. Joke (笑话)

Yǒu yí ge jǐngchá, tā yǐqián shì shāngrén, péngyou wèn tā zuò

有 一 个 警察 (policeman)，他 以前 是 商人 (businessman)，朋友 问 他 做

shēngyi hé zuò jǐngchá yǒu shénme bù yíyàng. Tā huídá: "zuò shēngyi, gùkè

生意(business) 和 做 警察 有 什么 不 一样。他 回答："做 生意，顾客(customer)

zǒngshì duì de; zuò jǐngchá, gùkè zǒngshì cuò de."

总是 对 的；做 警察，顾客 总是 错 的。"

Unit 22

Interview

miàn shì
面试

1. Tīng péngyou shuō zhèli zhāopìn Yīngyǔ jiàoshī, wǒ lái yìngpìn.

2. Nǐ lái Shànghǎi duō cháng shíjiān le?

3. Měi nián shǔjià wǒ dōu zài yí ge péixùn zhōngxīn jiāo liǎng ge yuè Yīngyǔ.

4. Wǒ jiāo tā Yīngyǔ, tā jiāo wǒ Hànyǔ.

5. Zài jiùyè jīhuì zēngjiā de tóngshí, jìngzhēng yě biàn de yuèláiyuè jīliè.

听朋友说这里招聘英语教师,我来应聘。

你来上海多长时间了?

每年暑假我都在一个培训中心教两个月英语。

我教他英语,他教我汉语。

在就业机会增加的同时,竞争也变得越来越激烈。

---

kèwén (Text)

(I)

(Mǒu Yīngyǔ péixùn zhōngxīn)

Mǎkè: Nǐ hǎo. Tīng péngyou shuō zhèli zhāopìn Yīngyǔ jiàoshī, wǒ lái yìng-pìn. Zhè shì wǒ de jiǎnlì.

Zhǔrèn: Nǐ xiān jiǎndān de jièshào yíxià zìjǐ de qíngkuàng ba.

Mǎkè: Hǎo. Wǒ jiào Mǎkè, shì Měiguórén, sānshí suì. Wǒ shì Yīngguó Jiàn-qiáo Dàxué jīngjìxì bì yè de, xiànzài zài Shànghǎi xuéxí Hànyǔ.

Zhǔrèn: Nǐ lái Shànghǎi duō cháng shíjiān le?[1]

Mǎkè: Kuài yì nián le.

Zhǔrèn: Nǐ yǒu jiāo Yīngyǔ de jīngyàn ma?

Mǎkè: Shàng dàxué de shíhou, měi nián shǔjià wǒ dōu zài yí ge péixùn zhōngxīn jiāo liǎng ge yuè Yīngyǔ. Xiànzài wǒ hé yí ge Zhōngguó péng-you hùxiāng xuéxí, wǒ jiāo tā Yīngyǔ, tā jiāo wǒ Hànyǔ.[2]

63

Zhǔrèn:　Nǐ xiǎng dāng quánzhí jiàoshī háishì jiānzhí jiàoshī?

Mǎkè:　Wǒ xiǎng dāng jiānzhí jiàoshī, yīnwèi báitiān wǒ yào qù dàxué xuéxí Hànyǔ, wǎnshang hé zhōumò yǒu kòng.

Zhǔrèn:　Wǒmen de kè yě duōshù zài wǎnshang hé zhōumò. Nǐ xiān tián yíxià zhè zhāng biǎo, ránhòu hé mìshū yuē yí ge shíjiān lái shìjiǎng, shìjiǎng tōngguò jiù kěyǐ chéngwéi zhōngxīn de jiānzhí jiàoshī le.

(Ⅱ)

　　Jìn jǐ nián, Shànghǎi de jīngjì fāzhǎn de hěn kuài. Hěn duō wàiguó hé wàidì de gōngsī lái Shànghǎi tóuzī, xīyǐnle hěn duō wàiguó hé wàidì de réncái lái Shànghǎi zhǎo gōngzuò. Suǒyǐ, zài jiùyè jīhuì zēngjiā de tóngshí, jìngzhēng yě biàn de yuèláiyuè jīliè.³ Yào xiǎng zhǎodào yí ge hǎo gōngzuò, xuélì、wàiyǔ nénglì、gōngzuò jīngyàn děngděng, dōu shì hěn zhòngyào de tiáojiàn. Zhǎo gōngzuò de rén yǒu bùtóng de yāoqiú. Yǒude xīwàng gōngsī jiù zài jiā de fùjìn, yǒude xīwàng dào yǒumíng de dà gōngsī gōngzuò, yǒude xīwàng gōngzī gāo yìxiē, yǒude xīwàng zhǎodào qīngsōng de gōngzuò, hái yǒude xīwàng gōngzuò yǒu tiǎozhàn.⁴ Rúguǒ nǐ xiǎng zài Shànghǎi zhǎo gōngzuò, nǐ huì kǎolǜ nǎxiē fāngmiàn ne?

课　文

(一)

(某英语培训中心)

马　克：你好。听朋友说这里招聘英语教师，我来应聘。这是我的简历。

主　任：你先简单地介绍一下自己的情况吧。

马　克：好。我叫马克，是美国人，30岁。我是英国剑桥大学经济系毕业的，现在在上海学习汉语。

主　任：你来上海多长时间了？¹

马　克：快1年了。

主　任：你有教英语的经验吗？

马　克：上大学的时候，每年暑假我都在一个培训中心教两个月英语。现在我和一个中国朋友互相学习，我教他英语，他教我汉语。²

主　任：你想当全职教师还是兼职教师？

马　克：我想当兼职教师，因为白天我要去大学学习汉语，晚上和周末有空。

主　任：我们的课也多数在晚上和周末。你先填一下这张表，然后和秘书约一个时间来试讲，试讲通过就可以成为中心的兼职教师了。

(二)

　　近几年，上海的经济发展得很快。很多外国和外地的公司来上海投资，吸引了很多外国和外地的人才来上海找工作。所以,在就业机会增加的同时,竞争也变得越来越激烈。³要想找到一个好工作,学历、外语能力、工作经验等等,都是很重要的条件。找工作的人有不同的要求。有的希望公司就在家的附近,有的希望到有名的大公司工作,有的希望工资高一些,有的希望找到轻松的工作,还有的希望工作有挑战。⁴如果你想在上海找工作,你会考虑哪些方面呢?

Vocabulary (生词语)

1. 某	mǒu	*pron.*	certain
2. 培训	péixùn	*n. & v.*	training; to train
3. 中心	zhōngxīn	*n.*	center
4. 招聘	zhāopìn	*v.*	to recruit
5. 教师	jiàoshī	*n.*	teacher (formal)
6. 应聘	yìngpìn	*v.*	to go for a job interview
7. 简历	jiǎnlì	*n.*	resume
8. 主任	zhǔrèn	*n.*	director
9. 简单	jiǎndān	*adj.*	simple
10. 情况	qíngkuàng	*n.*	situation, circumstances
11. 经济	jīngjì	*n.*	economy
12. 系	xì	*n.*	department of a university
13. 毕业	bì yè	*v.*	to graduate

cóng dàxué bì yè
e.g. (从) 大学毕业 to graduate from a university

14. 教	jiāo	*v.*	to teach
15. 经验	jīngyàn	*n.*	experience
16. 暑假	shǔjià	*n.*	summer vacation
17. 当	dāng	*v.*	to serve as, to work as
18. 全职	quánzhí	*n.*	full-time job
19. 兼职	jiānzhí	*n.*	part-time job
20. 白天	báitiān	*n.*	daytime
21. 多数	duōshù	*n.*	majority
22. 秘书	mìshū	*n.*	secretary
23. 试讲	shìjiǎng	*n. & v.*	trial lecture
24. 通过	tōngguò	*v.*	to pass
25. 成为	chéngwéi	*v.*	to become
26. 外国	wàiguó	*n.*	foreign country
27. 外地	wàidì	*n.*	parts of the country other than where one is

28.	投资	tóuzī	*n. & v.*	investment; to invest
29.	吸引	xīyǐn	*v.*	to attract
30.	人才	réncái	*n.*	a person with ability, talent
31.	就业	jiùyè	*v.*	to obtain employment
32.	机会	jīhuì	*n.*	opportunity
33.	增加	zēngjiā	*v.*	to increase
34.	同时	tóngshí	*adv.*	at the same time

> ***Usage:*** see Language Points

35.	竞争	jìngzhēng	*n. & v.*	competition; to compete
36.	变	biàn	*v.*	to become, to change into
37.	激烈	jīliè	*adj.*	intense
38.	学历	xuélì	*n.*	educational background
39.	条件	tiáojiàn	*n.*	qualification
40.	要求	yāoqiú	*n. & v.*	request; to demand
41.	希望	xīwàng	*n. & v.*	hope; to hope
42.	工资	gōngzī	*n.*	salary, wage
43.	挑战	tiǎozhàn	*n. & v.*	a challenge; to challenge
44.	考虑	kǎolǜ	*v.*	to consider
45.	方面	fāngmiàn	*n.*	aspect

Useful Words & Expressions (补充词汇与短语)

1.	面试	miànshì	*n. & v.*	interview; to interview
2.	合同	hétong	*n.*	contract
3.	薪水	xīnshuǐ	*n.*	salary
4.	雇用	gùyòng	*v.*	to hire
5.	解雇	jiěgù	*v.*	to fire
6.	辞职	cí zhí	*VO*	to resign

Language Points (语言点)

1. **Complement of time (2) (时量补语)**

In Book I, we already learned "complement of time". Do you remember? Now, let's review it and learn something new. (在第一册中,我们已经学了"时量补语",你还记得吗？现在,我们先复习一下,然后学一些新知识)

"Complement of time" indicates how long you do/did something. (时量补语表示做某事做(了)多长时间)

The structure is: **V (+ 了 le) + time duration** (结构为: **V (+ 了) + 时量短语**)

"Time duration" means a period of time, such as "一个小时 (yí ge xiǎoshí)、一天 (yì tiān)、一年 (yì nián)". ("时量短语"指一段时间。比如:一个小时、一天、一年)

Wǒ xuéle yì nián.
e.g. (1) 我学了一年。

If the verb takes an object, the verb should be repeated. And the time complement should be placed after the repeated verb. (如果动词带宾语,动词要重复,时量补语放在重复的动词后面)

The complete structure is: **V + O + V (+ 了 le) + time duration**
(其完整结构为: **V + O + V (+了) + 时量短语**)

Wǒ xué Hànyǔ xuéle yì nián.
e.g. (2) 我学汉语学了一年。

Wǒmen děng tā děngle bàn ge duō xiǎoshí.
(3) 我们等她等了半个多小时。

However, the following two ways are more commonly used: A. If the object is a common noun, the time complement is placed between the verb and the object (e.g. 4); B. If the object is a noun of personal reference or a personal pronoun, the time complement directly follow the object (e.g. 5). (不过,下面两种说法更常用:A.如果宾语是一般名词,时量补语放在动词和宾语之间〔例 4〕;B.如果宾语是指人的名词或者人称代词,时量补语就跟在宾语后面〔例 5〕)

The structure: A. **V (+ 了 le) + time duration + O (thing)**
B. **V (+ 了 le) + O (person) + time duration**

(其结构为: **V (+ 了) + 时量短语 + O (物)**
V (+ 了) + O (人) + 时量短语)

Wǒ xuéle yì nián Hànyǔ.
e.g. (4) 我学了一年汉语。

Wǒmen děngle tā bàn ge duō xiǎoshí.
(5) 我们等了她半个多小时。

✲ At last, let's compare the following sentences (最后,我们来比较一下下面的这些句子)

Wǒ zūle bàn nián.
(6) 我租了半年。 Compare: (7) 我租了半年了。
Wǒ zūle bàn nián le.

Tā xuéle sì ge yuè Hànyǔ.
(8) 他学了四个月汉语。 Compare: (9) 他学了四个月汉语了。
Tā xuéle sì ge yuè Hànyǔ le.

Tāmen shàngle bàn tiān kè.
(10) 他们 上了 半 天 课。 Compare: (11) 他们 上了 半 天 课 了。
                                           le   le

Tāmen shàngle bàn tiān kè le.

Do you find the difference between using one "了" and two "了"? (你找到用一个"了"和用两个"了"的区别了吗？)

Write your summary here: (把你的总结写在这里)

_____

_____

_____

Using one "了" indicates the action finished. And using two "了" indicates the action has still gone on. Are you right? (用一个"了"表示动作已经结束，用两个"了"表示动作还将继续。你答对了吗？)

2. The verb that takes two objects (带双宾语的动词)

gěi、jiāo、jiè、huán、wèn、huídá
In Chinese, only some verbs can take two objects, such as "给、教、借、还、问、回答".

gěi tā mǎi lǐwù   mǎi tā
Otherwise, you can use preposition phrase before verb, like "给 他买 礼物", not "买 他

lǐwù
礼物". (在汉语里，只有少数动词可以同时带两个宾语)

Wǒ jiāo tā Yīngyǔ, tā jiāo wǒ Hànyǔ.
e.g. (1) 我 教 他 英语，他 教 我 汉语。

Wǒ wèn lǎoshī yí ge wèntí.
(2) 我 问 老师 一 个 问题。

Tā huán nǐ zìxíngchē le ma?
(3) 他 还 你 自行车 了 吗？

zài   de tóngshí
3. 在……的 同时

Zài jiùyè jīhuì zēngjiā de tóngshí, jìngzhēng yě biàn de yuèláiyuè jīliè.
e.g. (1) 在 就业 机会 增加 的 同时， 竞争 也 变 得 越来越 激烈。

Zài jìngzhēng de tóngshí, tāmen yě chéngwéile hǎopéngyou.
(2) 在 竞争 的 同时，他们 也 成为了 好朋友。

Zài jiākuài   sùdù   de tóngshí, yě yào zhùyì zhìliàng.
(3) 在 加快(quicken) 速度(speed) 的 同时，也 要 注意 质量。

yǒude   yǒude   hái yǒude
4. **Sentence pattern**(句型): 有的……,有的……,还 有的……

Yǒude xīwàng gōngsī jiù zài jiā de fùjìn, yǒude xīwàng dào yǒumíng de dà
e.g. (1) 有的 希望 公司 就 在 家 的 附近, 有的 希望 到 有名 的 大

gōngsī gōngzuò, … hái yǒude xīwàng gōngzuò yǒu tiǎozhàn.
公司 工作,……还 有的 希望 工作 有 挑战。

Yǒude zhèyàng shuō, yǒude nàyàng shuō, bù zhīdào gāi tīng shuí de.
(2) 有的 这样 说, 有的 那样 说, 不 知道 该 听 谁 的。

Bì yè yǐhòu, yǒude tóngxué huídàole zìjǐ de jiāxiāng,   yǒude tóngxué
(3) 毕 业 以后, 有的 同学 回到了 自己 的 家乡(hometown), 有的 同学

liúzài Shànghǎi zhǎo gōngzuò, hái yǒude qùle guówài.
留在 上海 找 工作, 还 有的 去了 国外。

Chinese idiom (汉语俗语)

Chǎo yóuyú.
炒 鱿鱼。

This idiom means "to be fired / to fire". Because when the squid is fried, it will furl. And it looks like someone is packing up and quitting. (这个俗语的意思是解雇,因为鱿鱼一炒就卷起来,像是卷铺盖,用来比喻解雇)

Exercises (练习)

1. Fill in the blanks with verbs (填写正确的动词)

zhíyuán   biǎo   jīhuì
(1) _____ 职员   (2) _____ 表 (form)   (3) _____ 机会

jiàoshī   réncái
(4) _____ 教师   (5) _____ 人才

2. Choose the right words to fill in the blanks (选择正确词语填空)

qíngkuàng   jīngyàn   hùxiāng   tōngguò   xīyǐn   jìngzhēng
情况   经验   互相   通过   吸引   竞争

xuéxí,   bāngzhù, shì wǒmen tuánduì de hǎo chuántǒng.
(1) _____ 学习, _____ 帮助, 是 我们 团队 的 好 传统 (tradition)。

Guójì shìchǎng de   yuèláiyuè jīliè.
(2) 国际 市场 的 _____ 越来越 激烈。

Bìngrén de   bú tài hǎo.
(3) 病人 的 _____ 不太 好。

Xújiāhuì shāngyèqū   le xǔduō tóuzīzhě.
(4) 徐家汇 商业区(CBD) _____ 了 许多 投资者(investor)。

Zhè wèi lǎoshī de kè shàng de hěn hǎo, hěn yǒu
(5) 这 位 老师 的 课 上 得 很 好，很 有_____。

duì tāmen de guānchá ,wǒmen quèdìng le hézuò huǒbàn
(6) _____对 他们 的 观察(observation)，我们 确定(to determine)了 合作 伙伴
(copartner)。

3. **Make the sentences using the given words** (用所给词语造句)

shuì jiào   yíhuìr
(1) 睡 觉   一会儿

jiāo   tā   wǔ nián
(2) 教   他   五 年

bì yè   dàxué   bàn nián
(3) 毕 业   大学   半 年

zuò   zuòyè   liǎng ge xiǎoshí
(4) 做   作业   两 个 小时

gōngzuò   Shànghǎi   yì nián duō
(5) 工作   上海   一 年 多

yóuyǒng   xiàwǔ   yí ge bàn xiǎoshí
(6) 游泳   下午   一 个 半 小时

4. **Translate English into Chinese** (英译中)

(1) What experiences have you had working in Asia?

(2) Could you lend me 100 yuan?

(3) In recent years, Shanghai's economy has developed very rapidly.

(4) At the same time that they are competing, they also became good friends.

(5) What aspects will you consider if you want to study abroad?

(6) My classmates come from different countries. Some are English, some are Germans, and some are Chinese.

5. **Answer the questions according to the text** (根据课文内容回答问题)

Mǎkè lái Shànghǎi duō cháng shíjiān le?
(1) 马克 来 上海 多 长 时间 了？

Mǎkè yǒu méiyǒu jiāo Yīngyǔ de jīngyàn?
(2) 马克 有 没有 教 英语 的 经验？

Mǎkè xiǎng dāng quánzhí jiàoshī ma? Wèi shénme?
(3) 马克 想 当 全职 教师 吗？为 什么？

Wèi shénme Shànghǎi xīyǐnle hěn duō de réncái?

(4) 为 什么 上海 吸引了 很 多 的 人才？

Yào zhǎodào yí ge hǎo gōngzuò, shénme tiáojiàn bǐjiào zhòngyào?

(5) 要 找到 一 个 好 工作，什么 条件 比较 重要？

6. Listening comprehension (听力理解)

Vocabulary (生词)

钢琴	gāngqín	n.	piano
弹	tán	v.	to play (the piano, guitar, etc)
也许	yěxǔ	adv.	maybe
钢琴家	gāngqínjiā	n.	pianist

Answer the following questions (回答下列问题)

"Wǒ" yǒu jǐ ge háizi? Tāmen zěnmeyàng?

(1) "我" 有 几 个 孩子？他们 怎么样？

Xiànzài "wǒ" de háizi yǒu shénme àihào?

(2) 现在 "我" 的 孩子 有 什么 爱好？

"Wǒ" juéde háizi zhǎngdà yǐhòu kěnéng huì zuò shénme gōngzuò?

(3) "我" 觉得 孩子 长大 以后 可能 会 做 什么 工作？

Rúguǒ háizi méiyǒu chéngwéi huàjiā hé gāngqínjiā, "wǒ" huì bù gāoxìng ma?

(4) 如果 孩子 没有 成为 画家 和 钢琴家，"我" 会 不 高兴 吗？

7. Group task (小组活动)

Gàosù tóngxuémen, nǐ zhǎo gōngzuò de shíhou zuì zhùzhòng shénme fāngmiàn?

(1) 告诉 同学们，你 找 工作 的 时候 最 注重 什么 方面？

(Tell your classmates, what is the most important aspect when you look for a job?)

Hé nǐ de tóngzhuō mónǐ yí cì miànshì de chǎngjǐng.

(2) 和 你 的 同桌 模拟 一 次 面试 的 场景。

(Simulate an interview with your partner)

Tántan nǐ duì tiàocáo de kànfǎ.

(3) 谈谈 你 对 跳槽 的 看法。

(Talk about your view on job-hopping)

8. Writing (写写看)

Xiě yí fèn qiúzhí jiǎnlì.

写 一 份 求职 简历。

(Write a resume to apply for a job)

9. Joke (笑话)

Xiǎo Lín zài dà gōngsī gōngzuò, yǒu yí cì tā zài shàng bān shíjiān qù lǐ fà,

小 林 在 大 公司 工作，有 一 次 他 在 上 班 时间 去 理 发 (to have

zhènghǎo tā　de lǎobǎn yě zài lǐ　fà.
a haircut)，正好　他 的 老板 也 在 理 发。

Lǎobǎn: Nǐ wèi shénme zài shàng bān shíjiān lái lǐ fà?
老板：你 为 什么 在 上　班 时间 来 理 发？

Xiǎo Lín: Yīnwéi wǒ de tóufa shì zài shàng bān shíjiān zhǎng chūlái de.
小　林：因为 我 的 头发 是 在　上　班 时间 长　出来 的。

Lǎobǎn: Kěshì nǐ de tóufa bú shì quánbù zài shàng bān shíjiān zhǎng chūlái de.
老板：可是 你 的 头发 不 是 全部 在　上　班 时间 长　出来 的。

Xiǎo Lín: Suǒyǐ wǒ méiyǒu bǎ tóufa quánbù jiǎn　diào.
小　林：所以 我 没有 把 头发 全部 剪(cut)掉。

Unit 23

At a Bank

zài yínháng
在 银行

---

1. Měiyuán duì rénmínbì de huìlǜ shì yī bǐ qī diǎn líng.

   美元对人民币的汇率是 1:7.0。

2. Dǎsuan zài Shànghǎi zhù liǎng-sān nián.

   打算在上海住两三年。

3. shíwǔ ge gōngzuòrì zhīnèi huì gěi nǐ dáfù.

   15 个工作日之内会给你答复。

4. Tā shōudàole yínháng jìgěi tā de xìnyòngkǎ.

   她收到了银行寄给她的信用卡。

5. Tā de shēnqǐng yǐjīng pīzhǔn le.

   她的申请已经批准了。

---

kèwén (Text)

(I)

Bèixī: Nǐ hǎo, xiǎojiě, wǒ yào huàn rénmínbì.

Yínháng zhíyuán: Hǎo de, yào huàn duōshǎo?

Bèixī: 500 měiyuán.

Yínháng zhíyuán: Jīntiān měiyuán duì rénmínbì de huìlǜ shì yī bǐ qī diǎn líng,[1] wǔbǎi měiyuán shì sānqiān wǔbǎi yuán rénmínbì. Nín shǔshu.

Bèixī: Méi cuò, xièxie. Wǒ hái xiǎng bàn yì zhāng xìnyòngkǎ, qǐng wèn wàiguórén kěyǐ shēnqǐng ma?

Yínháng zhíyuán: Nǐ shì lái Shànghǎi gōngzuò de ma?

Bèixī: Shì de.

Yínháng zhíyuán: Dǎsuan zài Shànghǎi zhù duō cháng shíjiān?

Bèixī: Bù qīngchǔ, kěnéng liǎng-sān nián ba.[2]

Yínháng zhíyuán: Nǐ kěyǐ shēnqǐng bàn xìnyòngkǎ.

Bèixī: Qǐng wèn bàn kǎ xūyào nǎxiē shǒuxù?

Yínháng zhíyuán: Nǐ yīnggāi xiān tián yì zhāng shēn-qǐngbiǎo, ránhòu fùshang nǐ de shōurù zhèngmíng、hùzhào fùyìnjiàn hé dānbǎorén de shēnfènzhèng fùyìnjiàn.

Bèixī: Dānbǎorén de tiáojiàn shì shénme?

Yínháng zhíyuán: Dānbǎorén bìxū yǒu Shànghǎi hùkǒu hé wěndìng de shōurù.

Bèixī: Wǒ shénme shíhou néng zhīdao shēnqǐng de jiéguǒ?

Yínháng zhíyuán: Wǒmen zài shōudào shēnqǐngbiǎo hòu de shíwǔ ge gōngzuòrì zhīnèi huì gěi nǐ dáfù.[3] Hái yǒu wèntí ma?

Bèixī: Xiànzài méiyǒu le.

Yínháng zhíyuán: Rúguǒ hái yǒu shénme wèntí de huà, nǐ kěyǐ bōdǎ wǒmen yínháng miǎnfèi de kèhù fúwù rèxiàn bā líng líng bā èr líng líng wǔ bā bā.

Bèixī: Xièxie.

(II)

Shàng ge yuè, Bèixī qù Zhōngguó Jiànshè Yínháng huàn qián, shùnbiàn shēnqǐngle yì zhāng xìnyòngkǎ. Yínháng de gōngzuò rényuán fēicháng rèqíng. Dàngtiān wǎnshang, tā gěi Lǐ Dàmíng dǎ diànhuà, qǐng Lǐ Dàmíng zuò tā de dānbǎorén, Lǐ Dàmíng tóngyì le. Dì-èr tiān, Bèixī gěile yínháng tā de shōurù zhèngmíng、hùzhào fùyìnjiàn hé Lǐ Dàmíng de shēnfènzhèng fùyìnjiàn. Yí ge xīngqī yǐhòu, tā jiù jiēdào le xìnyòngkǎ zhōngxīn dǎgěi tā de diànhuà, shuō tā de shēnqǐng yǐjīng pīzhǔn le,[4] yí ge xīngqī zhīnèi huì yòng guàhàoxìn de fāngshì jìgěi tā. Zuótiān, tā shōudàole yínháng jìgěi tā de xìnyòngkǎ. Zhè zhāng xìnyòngkǎ shì rénmínbì hé měiyuán shuāngbìzhǒng de, tòuzhī édù fēnbié shì yíwàn yuán rénmínbì hé yìqiān èrbǎi wǔshí měiyuán. Niánfèi shì bāshí yuán rénmínbì, dànshì yì nián zhīnèi shǐyòng sān cì de huà, jiù kěyǐ miǎn niánfèi. Yǒule xìnyòngkǎ, yǐhòu mǎi dōngxi jiù gèng fāngbiàn le.

课　文

（一）

贝　　西：你好，小姐，我要换人民币。

银行职员：好的，要换多少？

贝　　西：500 美元。

银行职员：今天美元对人民币的汇率是 1:7.0,[1] 500 美元是 3500 元人民币。您数数。

贝　　西：没错，谢谢。我还想办一张信用卡，请问外国人可以申请吗？

银行职员：你是来上海工作的吗？

贝　　西：是的。

银行职员：打算在上海住多长时间？

贝　　西：不清楚，可能两三年吧。[2]

银行职员：你可以申请办信用卡。

贝　　西：请问办卡需要哪些手续？

银行职员：你应该先填一张申请表，然后附上你的收入证明、护照复印件和担保人
　　　　　的身份证复印件。

贝　　西：担保人的条件是什么？

银行职员：担保人必须有上海户口和稳定的收入。

贝　　西：我什么时候能知道申请的结果？

银行职员：我们在收到申请表后的 15 个工作日之内会给你答复。³ 还有问题吗？

贝　　西：现在没有了。

银行职员：如果还有什么问题的话，你可以拨打我们银行免费的客户服务热线
　　　　　8008200588。

贝　　西：谢谢。

（二）

　　　上个月，贝西去中国建设银行换钱，顺便申请了一张信用卡。银行的工作人员非
常热情。当天晚上，她给李大明打电话，请李大明作她的担保人，李大明同意了。第二
天，贝西给了银行她的收入证明、护照复印件和李大明的身份证复印件。一个星期以
后，她就接到了信用卡中心打给她的电话，说她的申请已经批准了，⁴ 一个星期之内
会用挂号信的方式寄给她。昨天，她收到了银行寄给她的信用卡。这张信用卡是人民
币和美元双币种的，透支额度分别是 10,000 元人民币和 1250 美元。年费是 80 元人
民币，但是一年之内使用三次的话，就可以免年费。有了信用卡，以后买东西就更方
便了。

Vocabulary (生词语)

1. 人民币	rénmínbì	*n.*	RMB
2. 美元	měiyuán	*n.*	U.S. dollar
3. 对	duì	*prep.*	versus
			Usage: see Language Point
4. 汇率	huìlǜ	*n.*	exchange rate
5. 数	shǔ	*v.*	to count
6. 办	bàn	*v.*	to handle (procedures)
7. 申请	shēnqǐng	*n. & v.*	application; to apply
8. 手续	shǒuxù	*n.*	procedure
9. 附上	fùshang		to attach; to enclose
10. 收入	shōurù	*n.*	income
11. 证明	zhèngmíng	*n. & v.*	certification; to prove
12. 复印件	fùyìnjiàn	*n.*	copy
13. 担保人	dānbǎorén	*n.*	warrantor

14. 身份证	shēnfènzhèng		ID card
15. 户口	hùkǒu	*n.*	registered permanent residence
16. 稳定	wěndìng	*adj.*	stable
17. 结果	jiéguǒ	*n.*	result
18. 之内	zhīnèi	*n.*	within
			Usage: see Language Points
19. 答复	dáfù	*n. & v.*	reply; to reply
20. 拨打	bōdǎ	*v.*	to dial
21. 客户	kèhù	*n.*	client
22. 热线	rèxiàn	*n.*	hotline
23. 建设	jiànshè	*n. & v.*	construction; to construct
24. 顺便	shùnbiàn	*adv.*	by the way
25. 热情	rèqíng	*adj.*	warm (attitude)
26. 当天	dàngtiān	*n.*	that very day
27. 同意	tóngyì	*v.*	to agree
28. 批准	pīzhǔn	*v.*	to approve
29. 挂号信	guàhàoxìn	*n.*	a registered letter
30. 寄	jì	*v.*	to send (letter, parcel, etc)
31. 透支	tòuzhī	*n. & v.*	overdraft; to overdraw
32. 额度	édù	*n.*	overdraft limit, quota
33. 免	miǎn	*v.*	to be exempt from something

Useful Words & Expressions (补充词汇与短语)

1. 存款	cún kuǎn	*VO*	to deposit money
2. 取款	qǔ kuǎn	*VO*	to withdraw money
3. 存折	cúnzhé	*n.*	bankbook
4. 账户	zhànghù	*n.*	account
5. 密码	mìmǎ	*n.*	password
6. 利息	lìxī	*n.*	interest (for money)
7. 贷款	dàikuǎn	*n. & v.*	loan; to provide a loan
8. 股票	gǔpiào	*n.*	stock

Language Points (语言点)

1. The preposition(介词): "对"   duì

The preposition "对" means "versus", often used in law, economy and sports. (介词"对"常用于法律、经济和体育比赛中)

e.g. (1)　Jīntiān Měiyuán duì Rénmínbì de huìlǜ shì yī bǐ qī diǎn líng.
　　　　今天　美元　对 人民币 的 汇率 是　　　1:7.0。

　　(2)　Zhōngguó duì duì Hánguó duì de bǐfēn　　shì yī bǐ èr.
　　　　中国　队 对 韩国　队 的 比分(score) 是　1:2。

2. Two neighboring numbers(两个相邻的数字): 两三　年   liǎng-sān nián

Two neighboring numbers are used together to indicate an approximate number.(两个相邻的数字一起用表示概数)

e.g. (1)　Jiàoshì li zuòzhe liù-qī ge xuésheng.
　　　　教室 里 坐着 六七 个　学生。

　　(2)　Nàge rén dàgài èr-sānshí suì.
　　　　那个 人 大概 二三十 岁。

　　(3)　Jīntiān tiānqì hěn rè, yǒu sānshíqī–bā dù ba.
　　　　今天 天气 很 热,有 三十七八 度 吧。

3. (在)……之内   (zài)　zhīnèi

(zài) (在 +) time duration + 之内	zhīnèi (在 +) 时量短语 + 之内

e.g. (1)　Wǒmen zài shōudào shēnqǐngbiǎo hòu de shíwǔ ge gōngzuòrì zhīnèi huì gěi nǐ dáfù.
　　　　我们 在 收到　申请表　后 的 15 个 工作日 之内 会 给 你 答复。

　　(2)　Yí ge xīngqī zhīnèi huì yòng guàhàoxìn de fāngshì jìgěi tā.
　　　　一个 星期 之内 会 用　挂号信 的 方式 寄给 她。

　　(3)　Yì nián zhīnèi shǐyòng sān cì de huà jiù kěyǐ miǎn niánfèi.
　　　　一年 之内 使用 三 次 的 话,就 可以 免　年费。

4. The subject as the recipient of an action (受事主语)

In Chinese, sometimes the subject is the recipient of the action, not the agent of the action. This kind of sentence is widely used in everyday conversation.　The recipient subject is usually specific. (汉语中,有时候句子的主语可以是动作的接受者,而不是施行者。这类句子在日常会话中广泛使用。动作的接受者一般是明确的)

e.g. (1)　Tā de shēnqǐng yǐjīng pīzhǔn le.
　　　　她的 申请 已经 批准 了。

Wǒ de zuòyè yǐjīng zuòhǎo le.
(2) 我 的 作业 已经 做好 了。

Nà piān wénzhāng   xiěwánle ma?
(3) 那 篇 文章(essay) 写完了 吗?

Chinese idiom (汉语俗语)

Zhī zú cháng lè.
知 足 常 乐。

This idiom means: a contented mind is a perpetual feast or content is better than riches.

(这个俗语的意思是：满足于已经得到的就容易感到快乐)

Exercises (练习)

1. Connection (连线)

bàn 办	shōurù zhèngmíng 收入 证明
tián 填	shēnqǐng 申请
fùshang 附上	xìnyòngkǎ 信用卡
bōdǎ 拨打	shēnqǐngbiǎo 申请表
pīzhǔn 批准	fúwù rèxiàn 服务 热线
zuò 作	guàhàoxìn 挂号信
jì 寄	dānbǎorén 担保人
miǎn 免	niánfèi 年费

2. Choose the right words to fill in the blanks (选择正确词语填空)

shēnqǐng	shǒuxù	tiáojiàn	dáfù	tóngyì	pīzhǔn
申请	手续	条件	答复	同意	批准

Méiyǒu tā de   , zhè shì bàn bù chéng.
(1) 没有 他 的_____,这事 办 不 成。

Shēnqǐng zài rùjìng   de   yǐ dàdà jiǎnhuà.
(2) 申请 再 入境(to enter a country)的_____ 已 大大 简化(to simplify)。

Tóngxuémen tíchū de wèntí, fǔdǎo lǎoshī dōu zuòle hěn hǎo de.
(3) 同学们 提出 的问题,辅导 老师 都 做了 很 好 的_____。

　　　Xuéxiào　　　　　tā zuòwéi zhìyuànzhě　　　　　qù Yúnnán rènjiào.
(4)　学校_____他 作为　志愿者(volunteer)去 云南　任教。

　　　　　　　　jīnnián de jiǎngxuéjīn　　　　　　yào yǒu liǎng wèi jiàoshòu de tuījiàn.
(5)　_____今年 的 奖学金(scholarship)要 有　两　位　教授　的 推荐。

　　　Jiārù zhège　jùlèbù　　　yǒu hěn yángé　　de　　　　xiànzhì.
(6)　加入 这个 俱乐部(club)有 很　严格(strict)的 _____限制(restriction)。

3.　Construct the sentences (组词成句)

　　　　　tā　　　　péngyou　shì　　Mǎkè　de　　zuì　　hǎo
(1)　他　　朋友　是　　马克　的　　最　　好

　　　　　māma　　zhè　gěi　zhāng　zhàopiàn　wǒ　　shì　　jì　　de
(2)　妈妈　这　给　张　　照片　我　是　　寄　的

　　　　　qiánmian　Yīngguó zuò　wǒ　zài　de　　nǚ　shì　tóngxué　rén
(3)　前面　英国　坐　我　在　的　女　是　同学　人

　　　　　liúxuéshēng　tā　cóng　lái　shì　ma　Měiguó de
(4)　留学生　他　从　来　是　吗　美国　的

　　　　　yǐjīng　　nǐ　de　shēnqǐng le　shōudào biǎo wǒ
(5)　已经　　你　的　申请　了　收到　表　我

　　　　　wǒ　huílái　zhīnèi　liǎng　jiù　ge　xiǎoshí
(6)　我　回来　之内　两　就　个　小时

4.　Answer the question with approximate numbers (用概数回答问题)

　　　　　Nǐ xué Hànyǔ duō cháng shíjiān le?
(1)　A: 你 学 汉语 多　长　时间 了？

　　　B: _____。

　　　　　Zhè jiàn dàyī duōshǎo qián?
(2)　A: 这 件 大衣 多少　钱？

　　　B: _____。

　　　　　Dàgài yǒu duōshǎo rén cānjiā zhège huì?
(3)　A: 大概 有　多少　人　参加 这个 会？

　　　B: _____。

　　　　　Zài nǐmen guójiā, nǚ de yìbān duōshǎo suì jié hūn?
(4)　A: 在 你们 国家，女 的 一般　多少　岁 结　婚？

　　　B: _____。

　　　　　Wǒmen shénme shíhou néng zhīdào kǎoshì de chéngjī?
(5)　A: 我们　什么　时候　能　知道 考试 的 成绩(result)？

　　　B: _____。

5.　Answer the questions according to the text (根据课文内容回答问题)

　　　　　Bèixī kěyǐ shēnqǐng xìnyòngkǎ ma?
(1)　贝西 可以 申请　信用卡　吗？

　　　　　Bàn xìnyòngkǎ xūyào nǎxiē shǒuxù?
(2)　办　信用卡 需要 哪些 手续？

Dānbǎorén xūyào shénme tiáojiàn?

(3)　担保人　需要　什么　条件？

Bèixī qǐng shuí zuò tā de dānbǎorén?

(4)　贝西　请　谁　做　她的　担保人？

Bèixī shēnqǐng de xìnyòngkǎ shì zěnmeyàng de?

(5)　贝西　申请　的　信用卡是　怎么样　的？

6.　Listening comprehension (听力理解)

New words (生词)

欠债	qiàn zhài	*VO*	to be in debt
观念	guānniàn	*n.*	concept, idea
别墅	biéshù	*n.*	villa
流行	liúxíng	*v. & adj.*	to be in vogue; fashionable
羡慕	xiànmù	*v.*	to admire
滋味	zīwèi	*n.*	flavour

Answer the follow questions (回答下列问题)

Zhōngguó lǎotàitai hé Měiguó lǎotàitai duì dài kuǎn de tàidu yǒu shénme bùtóng?

(1)　中国　老太太和 美国　老太太对　贷　款　的态度有　什么　不同？

Xiànzài de Zhōngguórén hé guòqù de Zhōngguórén duì dài kuǎn de tàidu yǒu shénme bùtóng?

(2)　现在　的　中国人　和过去的　中国人　对贷　款　的态度有　什么 不同？

Wáng xiǎojiě de shōurù qíngkuàng zěnmeyàng?

(3)　王　小姐的　收入　情况　怎么样？

Wáng xiǎojiě dài kuǎn mǎile nǎxiē dōngxi?

(4)　王　小姐贷　款　买了哪些　东西？

Biérén juéde Wáng xiǎojiě de shēnghuó zěnmeyàng?

(5)　别人　觉得　王　小姐的　生活　怎么样？

Wáng xiǎojiě juéde dài kuǎn zěnmeyàng?

(6)　王　小姐觉得贷　款　怎么样？

7.　Group task (小组活动)

Hé nǐ de tóngbàn mónǐ zài yínháng shēnqǐng xìnyòngkǎ.

1.　和你的　同伴　模拟在　银行　申请　信用卡。

(Simulate applying for a credit card in a bank with your partner)

Tántan nǐ duì dàikuǎn de kànfǎ.

2.　谈谈　你对　贷款　的　看法。

(Talk about your view on loan)

8.　Writing (写写看)

Jièshào yíxià nǐ de xìnyòngkǎ de gōngnéng.

介绍　一下你的　信用卡的　功能。

(Introduce the characteristics of your credit card)

9.　Joke (笑话)

Sūshān　　　zài yínháng gōngzuò, tā duì péngyou shuō:" Mǎlì　　　xiànzài wǒ shì bu
苏珊(Susan)在　银行　工作，她 对　朋友　说:"玛丽(Mary),现在 我 是 不

shì méiyǒu yǐqián piàoliang le?"　Péngyou wèn:" wèi shénme nǐ zhèyàng xiǎng ne?" Sūshān
是 没有 以前　漂亮　了?"朋友　问:"为　什么 你 这样　想　呢?"苏珊

huídá:" xiànzài dàjiā zhǐ kàn qián, bú kàn wǒ le."
回答:"现在 大家 只 看　钱，不 看　我 了。"

Unit 24
At a Travel Agency

zài lǚxíngshè
在 旅行社

1. Qǐng nǐ gěi wǒ xiángxì de jièshào yíxià, hǎo ma?

请你给我详细地介绍一下,好吗?

2. Měi xīngqīyī、wǔ fēnbié yǒu yí ge tuán chūfā.

每星期一、五分别有一个团出发。

3. Wǒ qù Běijīng pále Chángchéng.

我去北京爬了长城。

4. Zhèxiē dìfang dōu hěn yǒuyìsi, érqiě gè yǒu gè de tèsè.

这些地方都很有意思,而且各有各的特色。

5. Zhōngguó tài dà le, wǒ hái yǒu hěn duō dìfang méiyǒu qùguo.

中国太大了,我还有很多地方没有去过。

kèwén (Text)

(Ⅰ)

(Zài mǒu lǚxíngshè)

Mǎkè: Nǐ hǎo, xià ge yuè wǒ gēn péngyou xiǎng qù Hǎinán Dǎo lǚxíng,[1] qǐng wèn nǐmen lǚxíngshè de bàojià shì duōshǎo?

Zhíyuán: Xià ge yuè Hǎinán Dǎo shuāng fēi sì rì yóu yǒu sān ge bùtóng de jiàgé. Shàngxún zuì piányi, yìqiān wǔbǎi bā; zhōngxún guì yìxiē, yìqiān bā; xiàxún zuì guì, liǎngqiān yìbǎi bā.

Mǎkè: Shì yīnwèi ānpái bù yíyàng ma?

Zhíyuán: Ānpái wánquán xiāngtóng. Zhǔyào shì yīnwèi yuèláiyuè jiējìn lǚyóu de wàngjì, bīnguǎn hé jīpiào de jiàgé shàngzhǎng le.

Mǎkè: Ō, wǒ míngbai le. Qǐng nǐ gěi wǒ xiángxì de jièshào yíxià,[2,3] hǎo ma?

Zhíyuán: Hǎo de. Wǒmen měi xīngqīyī、wǔ fēnbié yǒu yí ge tuán chūfā.⁴ Lǚxíngshè bāo shísù hé jǐngdiǎn dì-yī ménpiào. Zhùsù dōu shì sānxīngjí yǐshàng de bīnguǎn. Zhè zhāng xíngchéng ānpái biǎo xiě de hěn xiángxì, nǐ kěyǐ zǐxì de kànkan.

Mǎkè: Xièxie.

Zhíyuán: Nàme, nǐ xiǎng cānjiā nǎge tuán ne?

Mǎkè: Wǒ huíqù gēn péngyou shāngliang yíxià zài juédìng, kěyǐ ma?

zhíyuán: Méi wèntí. Rúguǒ nǐ hái yǒu shénme wèntí, kěyǐ dǎ diànhuà lái.

(Ⅱ)

(Mǎkè shuō) Lái Zhōngguó yǐhòu, wǒ yǒu hěn duō de shōuhuò. Tèbié shì wǒ qùle hěn duō yǒuyìsi de dìfang. Wǒ qù Běijīng pále Chángchéng,⁵ qù Gānsù zǒule sīchóu zhī lù, qù Xī'ān kànle bīngmǎyǒng, hái qù Hā'ěrbīn xīnshǎngle bīngdēng. Zhèxiē dìfang dōu hěn yǒuyìsi, érqiě gè yǒu gè de tèsè. Yǒushíhou, wǒ cānjiā lǚxíngtuán, yǒushíhou wǒ gēn péngyou yìqǐ zìzhù- yóu. Cānjiā lǚxíngtuán bǐjiào fāngbiàn, dànshì dǎoyóu chángcháng yào dài wǒmen qù shāngdiàn mǎi dōngxi. Bù cānjiā lǚxíngtuán de huà, dāngrán jiù bǐjiào zìyóu. Chúle měilì de fēngjǐng yǐwài, wǒ hái kàndàole Zhōngguó de yìxiē shǎoshù mínzú. Xià ge yuè wǒ dǎsuan qù Hǎinán Dǎo. Zhōngguó tài dà le, wǒ hái yǒu hěn duō dìfang méiyǒu qùguo. Nǐ ne?

课　文

(一)

(在某旅行社)

马　克：你好,下个月我跟朋友想去海南岛旅行,¹请问你们旅行社的报价是多少?

职　员：下个月海南岛双飞四日游有三个不同的价格。上旬最便宜,1580;中旬贵一些,1880;下旬最贵,2180。

马　克：是因为安排不一样吗?

职　员：安排完全相同。主要是因为越来越接近旅游的旺季,宾馆和机票的价格上涨了。

马　克：哦,我明白了。请你给我详细地介绍一下,²,³ 好吗?

职　员：好的。我们每星期一、五分别有一个团出发。⁴旅行社包食宿和景点第一门票。住宿都是三星级以上的宾馆。这张行程安排表写得很详细,你可以仔细地看看。

马　克：谢谢。

职　员：那么,你想参加哪个团呢?

马　克：我回去跟朋友商量一下再决定,可以吗?

职　员：没问题。如果你还有什么问题,可以打电话来。

(二)

　　(马克说)来中国以后,我有很多的收获。特别是我去了很多有意思的地方。我去北京爬了长城,⁵去甘肃走了丝绸之路,去西安看了兵马俑,还去哈尔滨欣赏了冰灯。这些地方都很有意思,而且各有各的特色。有时候,我参加旅行团,有时候我跟朋友一起自助游。参加旅行团比较方便,但是导游常常要带我们去商店买东西。不参加旅行团的话,当然就比较自由。除了美丽的风景以外,我还看到了中国的一些少数民族。下个月我打算去海南岛。中国太大了,我还有很多地方没有去过。你呢?

Vocabulary (生词语)

1.	旅行社	lǚxíngshè	*n.*	travel agency
2.	岛	dǎo	*n.*	island
3.	报价	bàojià	*n. & VO*	quoted price; to quote price
4.	不同	bùtóng	*n. & adj.*	difference; different
5.	价格	jiàgé	*n.*	price
6.	上旬	shàngxún	*n.*	the first ten days of a month
7.	中旬	zhōngxún	*n.*	the middle ten days of a month
8.	下旬	xiàxún	*n.*	the last ten days of a month
9.	安排	ānpái	*n. & v.*	general arrangement; to arrange
10.	相同	xiāngtóng	*adj.*	same
11.	主要	zhǔyào	*adj.*	main
12.	接近	jiējìn	*v.*	to be close to
13.	旺季	wàngjì	*n.*	high season
14.	上涨	shàngzhǎng	*v.*	to rise
15.	详细	xiángxì	*adj. & adv.*	detailed; in detail
16.	分别	fēnbié	*adv.*	respectively
			Usage:	see Language Points
17.	团	tuán	*n.*	group
18.	包	bāo	*v.*	to provide (food and accommodation)
19.	食宿	shísù	*n.*	food and accommodation
20.	景点	jǐngdiǎn	*n.*	sightseeing spot
21.	门票	ménpiào	*n.*	entrance ticket
22.	住宿	zhùsù	*n.*	accommodation
23.	以上	yǐshàng	*n.*	over
24.	行程	xíngchéng	*n.*	schedule
25.	仔细	zǐxì	*adj.*	careful

26.	参加	cānjiā	*v.*	to attend, to take part in, to participate
27.	商量	shāngliang	*v.*	to discuss
28.	收获	shōuhuò	*n. & v.*	achievement; to gain
29.	爬	pá	*v.*	to climb
30.	长城	Chángchéng	*PN*	the Great Wall
31.	丝绸	sīchóu	*n.*	silk
32.	兵马俑	bīngmǎyǒng	*n.*	terra cotta warriors and horses
33.	欣赏	xīnshǎng	*v.*	to enjoy
34.	特色	tèsè	*n.*	distinguishing feature
35.	自助	zìzhù	*n.*	self-help, self-service
36.	导游	dǎoyóu	*n.*	tourist guide
37.	风景	fēngjǐng	*n.*	scenery
38.	少数民族	shǎoshù mínzú		minority nationality within a country

Language Points (语言点)

1. Infinitive structure (连动结构)

The structure is: $S + V_1 + O_1 + V_2 + O_2 + ...$. Usually one of the verbs is the main verb, and the others indicate the purpose or the manner of an action. If "了" (le) is used, it should be placed after the last verb. (连动结构为 主语 + 动词₁ + 宾语₁ + 动词₂ + 宾语₂ +…… 。 一般一个动词为主要动词,其他动词表示该动作的目的或者方式。如果有"了",放在最后一个动词的后面)

e.g. (1) 下 个 月 我 跟 朋友 想 去 海南 岛 旅行。
xià ge yuè wǒ gēn péngyou xiǎng qù Hǎinán Dǎo lǚxíng.

(2) 我 去 北京 爬了 长城。
Wǒ qù Běijīng pále Chángchéng.

(3) 中国人 用 筷子吃 饭。
Zhōngguórén yòng kuàizi chī fàn.

(4) 越来越 多 的 外国人 来 中国 学习 汉语。
Yuèláiyuè duō de wàiguórén lái Zhōngguó xuéxí Hànyǔ.

2. Pivot phrase (兼语句)

The pivot phrase structure can be used to express "to ask/request/command someone to do something". The first verb is often a causative verb, such as "请、叫、让" (qǐng jiào ràng). The object of the first verb is at the same time the subject of the second verb. (兼语句可用来表示"请求或者要求某人做某事"。第一个动词一般是使役动词,如"请、叫、让",它的宾语同

时也是第二个动词的主语)

The structure is: S_1 + Causative verb + O_1/S_2 + V_2 + O_2

(句型为: 主语₁ + 使役动词 + 宾语₁ / 宾语₂ + 动词₂ + 宾语₂)

(Wǒ) Qǐng nǐ gěi wǒ xiángxì de jièshào yíxià.

e.g. (1) （我）请 你 给 我 详细 地 介绍 一下。

Lǎoshī jiào dàjiā huídá wèntí.

(2) 老师 叫 大家 回答 问题。

Nǐ ràng tā qù kànkan zhōngyī.

(3) 你 让 他 去 看看 中医。

3. **The structural particle**(结构助词): "地"

In Chinese, there are three interesting structural particles "的", "得", "地". When they are used as structural particles, they have the same pronunciation "de". The differences between them are: (汉语中有三个结构助词"的"、"得"、"地"。它们发音相同,功能不同,区别如下)

A. Attributive + 的 + N (e.g. 1, 2); (定语 + "的" + 名词 〔例 1,2〕)

B. V/Adj + 得 + complement (e.g. 3, 4); (动词 / 形容词 + "得" + 补语 〔例 3,4〕)

C. Adverbial + 地 + V (e.g. 5, 6). (状语 + "地" + 动词 〔例 5,6〕)

Qǐng wèn nǐmen lǚxíngshè de bàojià shì duōshǎo?

e.g. (1) 请 问 你们 旅行社 的 报价 是 多少?

Tā fānyì de nàge jùzi hěn nán.

(2) 他 翻译 的 那个 句子 很 难。

Zhè zhāng xíngchéng ānpáibiǎo xiě de hěn xiángxì.

(3) 这 张 行程 安排表 写 得 很 详细。

Suīrán nàge jùzi hěn nán, dànshì tā fānyì de hěn hǎo.

(4) 虽然 那个 句子 很 难,但是 他 翻译 得 很 好。

Qǐng nǐ gěi wǒ xiángxì de jièshào yíxià.

(5) 请 你 给 我 详细 地 介绍 一下。

Nǐ kěyǐ zǐxì de kànkan.

(6) 你 可以 仔细 地 看看。

fēnbié

4. **分别**

It indicates: singly in the order designated or mentioned. (表示按照特定的顺序一个一个地)

Měi xīngqī yī, wǔ fēnbié yǒu yí ge tuán chūfā.

e.g. (1) 每 星期 一、五 分别 有 一 个 团 出发。

Bèixī hé Mǎlì fēnbié láizì Měiguó hé Yīngguó.

(2) 贝西 和玛丽 分别 来自 美国 和 英国。

Chinese idiom (汉语俗语)

Rén shēng dì bù shú.
人 生 地 不 熟。

This idiom means: a stranger is in a strange place.

Exercises (练习)

1. Connection (连线)

jiàgé	xíngchéng
价格	行程
jièshào	shàngzhǎng
介绍	上涨
ānpái	lǚxíngtuán
安排	旅行团
xīnshǎng	zhùsù
欣赏	住宿
cānjiā	fēngjǐng
参加	风景

2. Choose the right words to fill in the blanks (选择正确词语填空)

jiējìn   zǐxì   fēnbié   xiángxì   yǐshàng
接近   仔细   分别   详细   以上

Shēngāo yì mǐ èr   de háizi yīnggāi mǎi piào.
(1) 身高 一米 二_____ 的 孩子 应该 买 票。

Xiàcì kǎoshì de shíhou yídìng yào   yìdiǎnr.
(2) 下次 考试 的 时候 一定 要_____一点儿。

Jīnglǐ hé chǎngzhǎng   gēn tā jiànle miàn.
(3) 经理和 厂长(factory director)_____ 跟 她 见了 面。

Tā zǒngshì xiǎng zhǎo jīhuì   tā.
(4) 他 总是 想 找 机会_____她。

Zhège shùmǎ xiàngjī de jièshào xiě de fēicháng   yí kàn jiù dǒng le.
(5) 这个 数码 相机 的 介绍 写 得 非常_____,一看 就 懂 了。

3. Fill in the blanks with "的"、"得"、"地" (用"的"、"得"、"地"填空)

de   de   de

Tā shì yí ge piàoliang   gūniáng.
(1) 他 是 一 个 漂亮_____姑娘。

Tā gāoxìng   duì wǒ shuō: "rènshi nǐ zhēn hǎo!"
(2) 她 高兴_____对我 说:"认识 你 真 好!"

Tā chàng gē chàng　　　hěnhǎo, wǔ yě tiào　　　búcuò.
(3) 他 唱 歌 唱＿＿＿＿很好，舞 也 跳＿＿＿＿不错。

Wǒ měitiān dōu shēnghuó　　　hěn yúkuài.
(4) 我 每天 都 生活＿＿＿＿很 愉快(happy)。

Wǒ jīntiān yòu jiàndào le zài fēijī shàng rènshi　　　nàge péngyou.
(5) 我 今天、又 见到 了 在飞机 上 认识＿＿＿那个 朋友。

Tā rèqíng　　　qǐng wǒmen dào tā jiā qù zuò kè.
(6) 她 热情＿＿＿＿请 我们 到 她家 去 做客。

Zhànzhe jiǎnghuà　　　nàge rén shì wǒmen gōngsī　　　jīnglǐ.
(7) 站着 讲话＿＿＿＿那个 人 是 我们 公司 ＿＿＿＿经理。

4. Choose the right place to fill "了" (选择正确的位置填"了"字)

Wǒ huì shuō Hànyǔ.　　　le
(1) 我 A 会 B 说 C 汉语 D。（了） 答案：＿＿＿＿

Shàng ge zhōumò wǒ qù Xiānggǎng mǎi hěnduō dōngxi.　　　le
(2) 上 个 周末 我 去 A 香港 B 买 C 很多 东西 D。（了） 答案：＿＿＿＿

Bèixī zài jiǔbā rènshi yí ge xīn péngyou.　　　le
(3) 贝西 在 A 酒吧 B 认识 C 一个 新 朋友 D。（了） 答案：＿＿＿＿

Wǒ hái bú huì xiě zì.　　　yòng máobǐ
(4) 我 A 还 B 不会 C 写字 D。（用 毛笔） 答案：＿＿＿＿

Xià ge xīngqī wǒ qù Sìchuān lǚxíng, nǐ xiǎng yìqǐ qù ma? gēn péngyou
(5) 下 个 星期 A 我 B 去 四川 C 旅行，你 想 一起 D 去 吗？（跟 朋友）答案：＿＿＿

5. Translate the following sentences into Chinese (英译中)

(1) I would like to invite you to take part in the evening party tomorrow.

(2) I'm sick. Could you tell the teacher I can not attend class this week?

(3) Have you received the email I sent to you yesterday? No, I haven't.

(4) I want to go back to discuss with my parents.

(5) Please give me an introduction to the schedule in detail.

6. Answer the questions according to the text (根据课文内容回答问题)

Wèi shénme qù Hǎinán Dǎo lǚxíng yǒu sānge bù tóng de jiàgé?
(1) 为 什么 去 海南 岛 旅行 有 三个 不 同 的 价格？

Mǎkè juédìng cānjiā nǎge tuán le ma?
(2) 马克 决定 参加 哪个 团 了 吗？

Mǎkè qùguo nǎxiē dìfang lǚxíng? Tā juéde nàxiē dìfang zěnmeyàng?
(3) 马克 去过 哪些 地方 旅行？他 觉得 那些 地方 怎么样？

Mǎkè juéde cānjiā lǚxíngtuán lǚxíng de hǎochu shì shénme?
(4) 马克 觉得 参加 旅行团 旅行的 好处 是 什么？

Mǎkè juéde zìzhùyóu yǒu shénme hǎochu?
(5) 马克 觉得 自助游 有 什么 好处？

7.   Listening comprehension (听力理解)

Choose the right answer (选择正确答案)

Zhège xiàtiān nán de qù nǎli lǚxíng?
(1) 这个 夏天 男 的 去哪里旅行？

bú qù lǚxíng, dāi zài jiā li
A. 不去 旅行, 待 在 家里

Xī'ān
B. 西安

Qīngdǎo
C. 青岛

hái méi xiǎnghǎo qù nǎli
D. 还 没 想好 去 哪里

Nǔ de wèi shénme xiǎng qù Qīngdǎo lǚxíng?
(2) 女 的 为 什么 想 去 青岛 旅行？

nàli hěn rè
A. 那里很 热

zài hǎi biān
B. 在 海 边

jīpiào bú guì
C. 机票 不 贵

rén bù duō
D. 人 不 多

8.   Group task (小组活动)

Rúguǒ wǒmen qù nǐ de guójiā lǚxíng, nǐ yǒu shénme jiànyì?
(1) 如果 我们 去你 的 国家 旅行, 你 有 什么 建议？

(What would you suggest to do, if we went to your country to tour?)

Rúguǒ nǐ yǒu zúgòu de qián, nǐ zuì xiǎng qù nǎli lǚxíng?
(2) 如果你有 足够 的 钱, 你 最 想 去 哪里旅行？

(Where would you want to go most, if you had enough meney?)

Yǐ "gēn lǚxíngtuán lǚxíng hǎo bu hǎo" wéi tí jìnxíng biànlùn.
(3) 以 "跟 旅行团 旅行 好 不 好" 为 题 进行 辩论。

(Debate-topic: traveling arranged by a travel agency is good or not?)

9.   Writing (写写看)

Jièshào yí cì nǐ zuì nánwàng de lǚxíng.
介绍 一 次 你 最 难忘 的 旅行。

(Write an unforgettable trip)

10.   Joke (笑话)

Diànhuàlíng xiǎng le, tīngtǒng li chuánlái yí ge shēngyīn: "nǐ hǎo, wǒ bú zài jiā, qǐng jiāng
电话铃 响 了, 听筒 里 传来 一 个 声音: "你 好, 我 不 在 家, 请 将

nǐ de liúyán xiěchéng diànzǐ yóujiàn   gěi wǒ, ránhòu zài fā ge chuánzhēn ràng wǒ chákàn
你的 留言 写成 电子 邮件(e-mail)给 我, 然后 再 发 个 传真(fax)让 我 查看

wǒ de xìnxiāng, zuìhòu jìde dǎ diànhuà tíxǐng   wǒ qù ná chuánzhēn."
我 的 信箱, 最后 记得 打 电话 提醒(to remind) 我 去 拿 传真。"

Unit 25

Invitation

yāoqǐng
邀请

---

1. Gōngxǐ nǐ!   恭喜你！

2. Wǒ bù zhīdao shuō shénme hǎo.   我不知道说什么好。

3. Suíbiàn shuō shénme dōu xíng.   随便说什么都行。

4. Néng yòng Hànyǔ shuō de huà gèng hǎo.   能用汉语说的话更好。

5. Xīnniáng chuānzhe báisè de hūnshā,   新娘穿着白色的婚纱，

   xīnláng chuānzhe hēisè de xīfú.   新郎穿着黑色的西服。

---

kèwén (Text)

(I)

(Zài gōngsī)

Zhāng mìshū: Bèi lǜshī.

Bèixī: Xiǎo Zhāng, shénme shì?

Zhāng mìshū: Zuótiān wǒ qù dēngjì jié hūn le.

Bèixī: Shì ma, tài hǎo le, gōngxǐ nǐ![1]

Zhāng mìshū: Xièxie. Xià ge yuè shíbā hào xīngqīliù de wǎnshang wǒmen
               jǔxíng hūnlǐ, xiǎng qǐng nǐ hé nǐ de xiānsheng yìqǐ lái hē xǐjiǔ.
               Zhè shì qǐngjiǎn. Nǐmen néng chūxí ma?

Bèixī: Wǒ xiǎng yīnggāi méi wèntí. Wǒ hé xiānsheng dōu hái méiyǒu
               cānjiā guò Zhōngguó hūnlǐ, tā yídìng hěn gāoxìng.

Zhāng mìshū: Nǐmen néng lái, wǒmen yě hěn gāoxìng. Wǒmen hái xiǎng
               qǐng nǐ zài hūnlǐ shàng fā yán ne.

Bèixī: Yō, bù xíng bù xíng, wǒ bù zhīdao shuō shénme hǎo.[2]

Zhāng mìshū: Suíbiàn shuō shénme dōu xíng.[3]

Bèixī: Wǒ yào yòng Hànyǔ shuō ma?

Zhāng mìshū: Méi guānxi, néng yòng Hànyǔ shuō de huà gèng hǎo.

(Bèixī huídào jiā)

Xiānsheng: Nǐ huílái le, jīntiān gōngzuò máng ma?

Bèixī: Hái kěyǐ. Jīntiān wǒ de mìshū Xiǎo Zhāng qǐng wǒmen xià
               ge yuè qù cānjiā tā de hūnlǐ.

Xiānsheng: Shì ma, tài hǎo le! Wǒ yìzhí xiǎng kànkan Zhōngguó de chuántǒng hūnlǐ, yídìng hěn yǒuyìsi.

Bèixī:　　Tā hái yào wǒ zài tā de hūnlǐ shàng fā yán ne.

Xiānsheng:　Nà nǐ děi hǎohāo zhǔnbèi zhǔnbèi le.　Duì le,　nǐ zhīdao cānjiā Zhōngguórén de hūnlǐ yīnggāi sòng shénme lǐwù ma?

Bèixī:　　Wǒ yǐjīng wènguo gōngsī de zhíyuán le.　Tāmen shuō, zài Zhōngguó cānjiā hūnlǐ yìbān sòng xīnrén yí ge dà hóngbāo.

(Ⅱ)

(Cānjiā wán hūnlǐ) shàng ge zhōumò, wǒ hé xiānsheng yìqǐ cānjiāle mìshū Xiǎo Zhāng de hūnlǐ. Hūnlǐ shì zài yì jiā sìxīngjí bīnguǎn de èr lóu Bǎihé-tīng jǔxíng de. Xīnniáng chuānzhe báisè de hūnshā,[4] xīnláng chuānzhe hēisè de xīfú, tāmen dōu dǎban de fēicháng piàoliang. Ànzhào Zhōngguórén de xíguàn, wǒmen sònggěi tāmen yí ge hóngbāo, hái hé tāmen yìqǐ zhàole xiàng. Hūnlǐ hěn rènao, dàgài láile èrbǎi ge kèren. Dàtīng lǐmian bǎizhe èrshí zhāng zhuōzi, měi

zhāng zhuōzi zhōngjiān bǎizhe yí shù méigui huā. Dàtīng qiánmian guàzhe tāmen de zhàopiàn, qiáng shàng tiēzhe yí ge hěn dà de hóng shuāngxǐ zì. Wǒ zài hūnlǐ shàng fāle yán, zhù tāmen shēnghuó xìngfú, báitóu dào lǎo. Zhè shì wǒ hé xiānsheng dì-yī cì cānjiā Zhōngguórén de hūnlǐ, wǒmen dōu juéde hěn yǒuyìsi.

课　文

(一)

(在公司)

张秘书：贝律师。

贝　西：小张,什么事?

张秘书：昨天我去登记结婚了。

贝　西：是吗,太好了,恭喜你![1]

张秘书：谢谢。下个月18号星期六的晚上我们举行婚礼,想请你和你的先生一起来喝喜酒。这是请柬。你们能出席吗?

贝　西：我想应该没问题。我和先生都还没有参加过中国婚礼,他一定很高兴。

张秘书：你们能来,我们也很高兴。我们还想请你在婚礼上发言呢。

贝　西：哟,不行不行,我不知道说什么好。[2]

张秘书：随便说什么都行。³

贝　西：我要用汉语说吗？

张秘书：没关系，能用汉语说的话更好。

(贝西回到家)

先　生：你回来了，今天工作忙吗？

贝　西：还可以。今天我的秘书小张请我们下个月去参加她的婚礼。

先　生：是吗，太好了！我一直想看看中国的传统婚礼，一定很有意思。

贝　西：她还要我在她的婚礼上发言呢。

先　生：那你得好好准备准备了。对了，你知道参加中国人的婚礼应该送什么礼物吗？

贝　西：我已经问过公司的职员了。他们说，在中国参加婚礼一般送新人一个大红包。

(二)

(参加完婚礼)上个周末，我和先生一起参加了秘书小张的婚礼。婚礼是在一家四星级宾馆的二楼百合厅举行的。新娘穿着白色的婚纱，⁴ 新郎穿着黑色的西服，他们都打扮得非常漂亮。按照中国人的习惯，我们送给他们一个红包，还和他们一起照了相。婚礼很热闹，大概来了二百个客人。大厅里面摆着二十张桌子，每张桌子中间摆着一束玫瑰花。大厅前面挂着他们的照片，墙上贴着一个很大的红双喜字。我在婚礼上发了言，祝他们生活幸福，白头到老。这是我和先生第一次参加中国人的婚礼，我们都觉得很有意思。

Vocabulary (生词语)

1. 结婚	jié hūn	*VO*	to marry
2. 恭喜	gōngxǐ	*v.*	to congratulate
3. 举行	jǔxíng	*v.*	to hold (activity)
4. 婚礼	hūnlǐ	*n.*	wedding
5. 喜酒	xǐjiǔ	*n.*	wedding dinner
6. 请柬	qǐngjiǎn	*n.*	invitation letter
7. 出席	chūxí	*v.*	to attend
8. 发言	fā yán	*VO*	to make a speech
9. 传统	chuántǒng	*n. & adj.*	tradition; traditional
10. 礼物	lǐwù	*n.*	gift
11. 新人	xīnrén	*n.*	newlyweds
12. 百合	bǎihé	*n.*	lily
13. 新娘	xīnniáng	*n.*	bride
14. 婚纱	hūnshā	*n.*	bride's wedding dress
15. 新郎	xīnláng	*n.*	groom

16.	西服	xīfú	*n.*	suit
17.	打扮	dǎban	*v.*	to dress up
18.	按照	ànzhào	*prep.*	according to
19.	热闹	rènao	*adj.*	lively
20.	客人	kèren	*n.*	guest
21.	摆	bǎi	*v.*	to put
22.	束	shù	*MW*	bunch (for flowers)
23.	玫瑰	méigui	*n.*	rose
24.	挂	guà	*v.*	to hang
25.	贴	tiē	*v.*	to stick
26.	祝	zhù	*v.*	to wish
27.	幸福	xìngfú	*adj.*	happy

Useful Words & Expressions (补充词汇与短语)

1.	谈恋爱	tán liàn'ài	*VO*	to carry on a love affair
2.	求婚	qiú hūn	*VO*	to make an offer of marriage, to propose
3.	订婚	dìng hūn	*VO*	to engage oneself to
4.	伴娘	bànniáng	*n.*	bridesmaid
5.	伴郎	bànláng	*n.*	bestman
6.	蜜月	mìyuè	*n.*	honeymoon
7.	离婚	lí hūn	*VO*	to divorce

Language Points (语言点)

gōngxǐ
1. 恭喜

Gōngxǐ nǐ!
e.g. (1) 恭喜 你!

Gōngxǐ gōngxǐ!
(2) 恭喜 恭喜!

Gōngxǐ nǐ kǎoshàng dàxué!
(3) 恭喜 你 考上 大学!

hǎo
2. ……好

It indicates a better choice. (表示做出更好的选择)

Wǒ bù zhīdao shuō shénme hǎo.
e.g. (1) 我 不 知道 说 什么 好。

Néng yòng Hànyǔ shuō de huà gèng hǎo.
(2) 能 用 汉语 说 的 话 更 好。

Nǐ kàn, mǎi nǎ jiàn yīfu hǎo.
(3) A: 你 看，买 哪 件 衣服 好？

Háishì mǎi hóngsè de nà jiàn hǎo.
B: 还是 买 红色 的 那 件 好。

3. **The flexible use of the interrogative pronouns (1)** (疑问代词活用)

shénme
Here "什么" is used with a general reference, and means "anything or whatever". Adverbs

yě dōu
such as 也 or 都 are often used correspondingly in the sentence. Other interrogatives also have this usage. (这里的"什么"用作任指，表示"任何东西"，后面常跟上副词"也"或者"都"。其他疑问词也有相同用法)

Suíbiàn shuō shénme dōu xíng.
e.g. (1) 随便 说 什么 都 行。(Whatever you say is OK.)

Shàng ge zhōumò wǒ shénme dìfang yě méi qù.
(2) 上 个 周末 我 什么 地方 也 没 去。

(I did't go to anywhere last weekend.)

Nǐ shénme shíhou lái dōu kěyǐ.
(3) 你 什么 时候 来 都 可以。(Whenever you come is fine.)

zhe
4. **V +着**

zhe
When a verb is followed by the particle "着", it indicates that the act or the state is still

continuing. It has two formers: $\boxed{\text{Sb} + \text{V} + 着 + \text{Sth}}$ and $\boxed{\text{Sw} + \text{V} + 着 + \text{Sth}}$. ("V+着"表示动作或状态的持续。有两种形式：$\boxed{人+动词+"着"+物}$ 和 $\boxed{地点+动词+"着"+物}$)

Xīnniáng chuānzhe báisè de hūnshā.
e.g. (1) 新娘 穿着 白色 的 婚纱。

Dàtīng lǐmiàn bǎizhe èrshí zhāng zhuōzi.
(2) 大厅 里面 摆着 二十 张 桌子。

Fángjiān de chuāng kāizhe ma?
(3) 房间 的 窗 开着 吗？

zhe
"着" is often used to express the manner of an action. In this case, the structure is:

$\boxed{\text{V}_1 + 着 (+ \text{O}_1) + \text{V}_2 + \text{O}_2}$. ("V+着"还可以用来表示动作的方式。句型为：$\boxed{动词_1 + "着" (+宾语_1) + 动词_2 + 宾语_2}$)

Xiǎo Wáng xǐhuan tǎngzhe kàn shū.
e.g. (4) 小 王 喜欢 躺着 看 书。

Zhème lěng de tiān, kāizhe chuāng shuìjiào huì gǎnmào de.
(5) 这么 冷 的 天，开着 窗 睡觉 会 感冒 的。

Chinese idiom (汉语俗语)

Báitóu dào lǎo.
白头 到 老。

It is a good wish at a wedding. "白头" means "hoary hair", and this sentence means:
remain happily married to a ripe old age; live to old age in conjugal bliss. (这句俗语是新婚祝
词,意思是:夫妻共同生活到老)

Exercises (练习)

1. Fill in the blanks with the proper objects (填写合适的动宾搭配词)

bǎi
摆 _____   _____   _____

guà
挂 _____   _____   _____

tiē
贴 _____   _____   _____

2. Choose the right words to fill in the blanks (选择正确词语填空)

dēngjì	chūxí	jǔxíng	ànzhào	qǐngjiǎn	xìngfú
登记	出席	举行	按照	请柬	幸福

Nǐ shōudào wǒ jìgěi nǐ de   le ma?
(1) 你 收到 我 寄给 你 的_____ 了 吗?

Zhōngguóduì hé Rìběnduì de bǐsài jīntiān wǎnshang   .
(2) 中国队 和 日本队 的 比赛 今天 晚上_____。

Yǒu hěnduō míngxīng   le zuótiān de wǎnhuì, nǐ méiyǒu cānjiā zhēn kěxī.
(3) 有 很多 明星_____了 昨天 的 晚会,你 没有 参加 真 可惜。

Wǒ jìde yǒu yí ge gē de míngzi jiào "rúguǒ gǎndào   , nǐ jiù pāipai shǒu", nǐ huì
(4) 我 记得 有 一个 歌 的 名字 叫"如果 感到_____,你 就 拍拍 手",你 会
chàng ma?
唱 吗?

gōngsī de guīdìng, zhōumò jìn bàngōnglóu de rén dōu yào
(5) _____ 公司 的 规定, 周末 进 办公楼 的 人 都 要_____。

3. Fill in the blanks with the proper question words (选择正确的疑问代词填空)

shénme	shuí	nǎr	shénme shíhou	nǎ	zěnme
什么	谁	哪儿	什么 时候	哪	怎么

Zhèr   dōu méiyǒu.
(1) 这儿_____ 都 没有。

Wǒ   yě bú rènshi.
(2) 我_____也 不 认识。

        Wǒmen   dōu xiǎng qù.

(3)   我们＿＿＿＿都　想　去。

             dōu xǐhuan xiūxi.

(4)   ＿＿＿＿都　喜欢　休息。

       Nǐ   lái dōu kěyǐ.

(5)   你＿＿＿＿来　都　可以。

      Wǒ   shū dōu bù xǐhuan kàn.

(6)   我＿＿＿＿书　都　不　喜欢　看。

    Māma   shuō tā dōu bù tīng.

(7)   妈妈＿＿＿＿说　他　都　不　听。

    Wǒ shuì   ge fángjiān dōu méiyǒu guānxi.

(8)   我　睡＿＿＿＿个　房间　都　没有　关系。

                  le   zhe   guò

4. Fill in the blanks with "了"，"着"，"过" (用"了"，"着"，"过"填空)

    Liǎng nián qián, wǒ zài Shànghǎi gōngzuò

(1)   两　年　前，我　在　上海　工作＿＿＿＿。

    Tā xiào   duì wǒmen shuō: "huānyíng dàjiā."

(2)   她　笑＿＿＿＿对　我们　说："欢迎　大家。"

    Tīng   tā de huà, wǒ gǎndòng   de kū

(3)   听＿＿＿＿他　的　话，我　感动(to be moved)得　哭＿＿＿＿。

    Wǒ chángcháng tīng   yīnyuè zuò zuòyè.

(4)   我　常常　听＿＿＿＿音乐　做　作业。

    Nàge dìfang wǒ méiyǒu qù   nǐ gěi wǒ jièshào jièshào ba.

(5)   那个　地方　我　没有　去＿＿＿＿，你　给　我　介绍　介绍　吧。

    Mǎkè chuān   yí jiàn lánsè de T xù   , shàngmian yìn   jǐ ge Hànzì.

(6)   马克　穿＿＿＿＿一件　蓝色　的　T恤(T-shirt)，上面　印＿＿＿＿几个　汉字。

                  zhe

5. Describe the picture using "V+着" (用"V+着"描述下列图片)

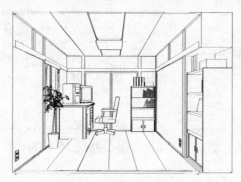

6. Answer the questions according to the text (根据课文内容回答问题)

    Zhāng mìshū qǐng Bèixī hé tā de Xiānsheng zuò shénme?

(1)   张　秘书　请　贝西和　她　的　先生　做　什么？

    Zài Zhōngguó cānjiā hūnlǐ yìbān sòng shénme lǐwù?

(2)   在　中国　参加　婚礼　一般　送　什么　礼物？

    Zhāng mìshū de hūnlǐ zài nǎli jǔxíng?

(3)   张　秘书　的　婚礼　在　哪里　举行？

Zhāng mìshū de hūnlǐ zěnmeyàng?
(4) 张 秘书 的 婚礼 怎么样？

Bèixī zài hūnlǐ shàng shuōle shénme?
(5) 贝西 在 婚礼 上 说了 什么？

7. Reading (阅读理解)

Zài Zhōngguó, chéngshì hé nóngcūn   de hūnlǐ bù yíyàng. Shǎoshù mínzú
在 中国， 城市 和 农村（countryside）的 婚礼 不 一样。 少数 民族

de hūnlǐ gèng bù yíyàng. Chéngshì li, hūnlǐ nà tiān, xīnláng hé xīnniáng dōu fēicháng máng.
的 婚礼 更 不 一样。 城市 里，婚礼那 天，新郎 和 新娘 都 非常 忙。

shàngwǔ, xīnláng hé xīnniáng fēnbié zài zìjǐ jiā huà zhuāng.   Zhōngwǔ, jiǎndān de chī
上午， 新郎 和 新娘 分别 在 自己 家 化 妆(to make up)。中午， 简单 地 吃

yìdiǎn dōngxi. Xiàwǔ, xīnláng xiān zuò qìchē qù xīnniáng de jiā jiàn xīnniáng de fùmǔ,
一点 东西。 下午， 新郎 先 坐 汽车 去 新娘 的 家 见 新娘 的 父母，

ránhòu jiē xīnniáng shàng chē qù jiàn xīnláng de fùmǔ, zài yìqǐ qù fàndiàn. Xīnláng hé xīn-
然后 接 新娘 上 车 去 见 新郎 的 父母，再一起 去 饭店。 新郎 和 新

niáng zhànzài fàndiàn ménkǒu yíngjiē   qīnqi   hé péngyou. Qīnqi hé péngyou
娘 站在 饭店 门口 迎接(to welcome)亲戚(relative) 和 朋友。亲戚 和 朋友

huì sònggěi xīnláng hé xīnniáng hóngbāo huòzhě lǐwù.   Chī fàn de shíhou, xīnláng hé xīnniáng
会 送给 新郎 和 新娘 红包 或者 礼物。吃饭 的 时候，新郎 和 新娘

yìbān yào hē hěnduō jiǔ, rúguǒ tāmen bú huì hē, bànláng hé bànniáng kěyǐ dài tāmen hē.
一般 要 喝 很多 酒，如果 他们 不 会 喝，伴郎 和 伴娘 可以 代 他们 喝。

Chīwán fàn yǐhòu, yǒude kèrén qù xīnláng hé xīnniáng de jiā nào dòngfáng.
吃完 饭 以后，有的 客人 去 新郎 和 新娘 的 家 闹 洞房(to make fun of

              Dì-èr tiān, xīnláng hé xīnniáng qù mìyuè lǚxíng.
newlyweds)。第二 天，新郎 和 新娘 去 蜜月 旅行。

True or false (判断正误)

Zài Zhōngguó, chéngshì hé nóngcūn de hūnlǐ chàbuduō.
(1) 在 中国， 城市 和 农村 的 婚礼 差不多。   （   ）

Hūnlǐ nà tiān, xīnláng xiān qù xīnniáng de jiā jiàn xīnniáng de fùmǔ.
(2) 婚礼那 天，新郎 先 去 新娘 的 家 见 新娘 的 父母。   （   ）

Xīnláng hé xīnniáng de fùmǔ zhànzài fàndiàn ménkǒu yíngjiē qīnqi hé péngyou.
(3) 新郎 和 新娘 的 父母 站在 饭店 门口 迎接 亲戚 和 朋友。 （   ）

Chī fàn de shíhou, xīnláng hé xīnniáng yídìng yào hē hěn duō jiǔ.
(4) 吃 饭 的 时候，新郎 和 新娘 一定 要 喝 很 多 酒。   （   ）

Chīwán fàn yǐhòu, suǒyǒu de kèrén dōu qù xīnláng hé xīnniáng de jiā nào dòngfáng.
(5) 吃完 饭 以后，所有 的 客人 都 去 新郎 和 新娘 的 家 闹 洞房。（   ）

8. Listening comprehension (听力理解)

Vocabulary (生词)

火锅	huǒguō	*n.*	hot pot
痘	dòu	*n.*	pimple

拉肚子	lā dùzi		to have loose bowels, to suffer from diarrhea (informal)
保龄球	bǎolíngqiú	*n.*	bowling
影响	yǐngxiǎng	*n. & v.*	influence; to influence
睡眠	shuìmián	*n.*	sleep (formal)

Answer the following questions (回答下列问题)

Nán de jiànyì qù chī shénme? Nǔ de tóngyì ma? Wèi shénme?
(1) 男 的 建议 去 吃 什么？女 的 同意 吗？为 什么？

Nán de jiànyì qù nǎli wán? Nǔ de tóngyì ma? Wèi shénme?
(2) 男 的 建议 去 哪里 玩？女 的 同意 吗？为 什么？

Nán de jiànyì zěnme huí jiā? Nǔ de tóngyì ma? Wèi shénme?
(3) 男 的 建议 怎么 回家？女 的 同意 吗？为 什么？

Nǐ juéde nǔ de shì yí ge shénmeyàng de rén?
(4) 你 觉得 女 的 是 一个 什么样 的 人？

9. Group task (小组活动)

Nǐ cānjiā guo Zhōngguó péngyou de hūnlǐ ma? Jièshào yíxià dāngshí de qíngkuàng.
(1) 你 参加 过 中国 朋友 的 婚礼吗？介绍 一下 当时 的 情况。

(Have you attended a Chinese wedding? Introduce it to your classmates)

Yòng "V + zhe" rènyì miáoshù bān shàng yí wèi tóngxué de chuānzhuó, ránhòu qǐng
(2) 用 "V + 着"任意 描述 班 上 一 位 同学 的 穿着，然后 请

biéde tóngxué lái pànduàn.
别的 同学 来 判断。

(Describe the clothing of a classmate using "V+ 着", then ask the other classmates guess who you are describing)

10. Writing (写写看)

Gěi dàjiā jièshào yíxià nǐmen guójiā hūnlǐ de xísú.
给 大家 介绍 一下 你们 国家 婚礼 的 习俗。

(Introduce the wedding customs in your country)

11. Joke (笑话)

Lǎo Lín zài Xiǎo Wáng jiā zuò kè. Yīnwèi xià dà yǔ, Lǎo Lín zhùle hěnduō tiān hái bù
老 林 在 小 王 家做客。因为 下 大雨，老 林 住了 很多 天 还 不

zǒu, Xiǎo Wáng bùhǎoyìsi gǎn tā zǒu, suǒyǐ xiěle yì shǒu shī: "xià yǔ tiān liú kè tiān
走，小 王 不好意思 赶 他 走，所以 写了 一 首 诗(poem)："下 雨 天 留 客 天

liú wǒ bù liú". Tā de yìsi shì: "xià yǔ tiān liú kè, tiān liú, wǒ bù liú." Lǎo Lín kàndào
留 我 不 留"。他 的 意思 是："下 雨 天 留客，天 留，我 不 留。"老 林 看到

zhè shǒu shī, niàn dào: "xià yǔ tiān, liú kè tiān, liú wǒ bu? Liú." Tā hěn gāoxìng. Yúshì, yòu
这 首 诗，念 道："下 雨 天，留 客 天，留 我 不？留。"他 很 高兴。于是，又

duō zhù le jǐ tiān.
多 住 了 几 天。

Unit 26

Gift

lǐwù
礼物

---

1. Jì qīngbiàn yòu yǒu tèsè. 　　　既轻便又有特色。

2. Bèixī de shēngrì yě kuài dào le. 　贝西的生日也快到了。

3. Lǐ qīng qíngyì zhòng. 　　　　　礼轻情意重。

4. Bùguǎn wǒmen sòng tā shénme lǐwù, 不管我们送她什么礼物，她都会很高兴的。
   tā dōu huì hěn gāoxìng de.

5. Yǒuxiē guójiā de xíguàn gēn 　　　有些国家的习惯跟中国不一样。
   Zhōngguó bù yíyàng.

---

kèwén (Text)

(I)

Lǐ Dàmíng: Shèngdàn Jié kuàiyào dào le,[1] nǐ huíqù ma?

Mǎkè: Dāngrán. Wǒ xiǎng mǎi diǎn lǐwù dài huíqù sònggěi jiārén hé péngyou.[2] Nǐ gěi wǒ xiē jiànyì ba.

Lǐ Dàmíng: Dāngrán yào mǎi yǒu Zhōngguó tèsè de dōngxi la. Bǐrú, cíqì la、cháyè la、zhēnsī wéijīn、sīchóu chènshān shénme de, dōu hěn shìhé sòng rén.

Mǎkè: Cíqì róngyì dǎsuì, bù hǎo dài. Jiù mǎi cháyè hé sīchóu le, jì qīngbiàn yòu yǒu tèsè.[3]

Lǐ Dàmíng: Bèixī de shēngrì yě kuài dào le, wǒmen sòng tā shénme lǐwù hǎo ne?

Mǎkè: Sòng tā yí shù xiānhuā ba, nǚ de dōu xǐhuan huā.

Lǐ Dàmíng: Shàng cì qù tā jiā wán de shíhou, wǒ yǐjīng sòngguo le.

Mǎkè: Nà jiù sòng qiǎokèlì.

Lǐ Dàmíng: Tā gēn wǒ shuōguo, bù

xǐhuan chī qiǎokèlì. Wǒ xiǎng sòng tā yí jiàn měi tiān kěyǐ yòng de dōngxi, zhèyàng tā jiù néng chángcháng jìde wǒmen le.

Mǎkè: Zhōngguó búshì yǒu jù súyǔ jiào "lǐ qīng qíngyì zhòng" ma. Wǒ xiǎng, bùguǎn wǒmen sòng tā shénme lǐwù, tā dōu huì hěn gāoxìng de.[4]

Lǐ Dàmíng: Sòng fù shǒutào gěi tā, zěnmeyàng? Hěn shíyòng de.

Mǎkè: Ǹg, zhège zhǔyi búcuò. Zǒu ba, wǒmen xiànzài jiù qù mǎi.

(II)

Zhōngguórén hé shìjiè shàng suǒyǒu guójiā de rén yíyàng dōu xǐhuan shōudào lǐwù.[5] Zhōngguórén zài shōudào lǐwù hòu yìbān bù mǎshàng dǎkāi kàn, děng kèrén zǒule yǐhòu zài dǎkāi. Zhè shì zūnzhòng sòng lǐwù de rén de biǎoxiàn. Yīnwèi Zhōngguórén juéde sòng shénme lǐwù bú zhòngyào, zhòngyào de shì péngyou zhījiān de yǒuyì. Yǒuxiē guójiā de xíguàn gēn Zhōngguó bù yíyàng. Shōudào lǐwù hòu huì mǎshàng dǎkāi kàn, hái yào chēngzàn lǐwù, biǎoshì gǎnxiè, zhè yě shì zūnzhòng sòng lǐwù de rén de biǎoxiàn. Suǒyǐ, zài bùtóng de guójiā, huòzhě duì bùtóng guójiā de rén, zuìhǎo ànzhào dāngdì de xíguàn qù zuò.

课　文

（一）

李大明：圣诞节快要到了，[1] 你回去吗？

马　克：当然。我想买点礼物带回去送给家人和朋友。[2] 你给我些建议吧。

李大明：当然要买有中国特色的东西啦。比如，瓷器啦、茶叶啦、真丝围巾、丝绸衬衫什么的，都很适合送人。

马　克：瓷器容易打碎，不好带。就买茶叶和丝绸了，既轻便又有特色。[3]

李大明：贝西的生日也快到了，我们送她什么礼物好呢？

马　克：送她一束鲜花吧，女的都喜欢花。

李大明：上次去她家玩的时候，我已经送过了。

马　克：那就送巧克力。

李大明：她跟我说过，不喜欢吃巧克力。我想送她一件每天可以用的东西，这样她就能常常记得我们了。

马　克：中国不是有句俗语叫"礼轻情意重"嘛。我想，不管我们送她什么礼物，她都会很高兴的。[4]

李大明：送副手套给她，怎么样？很实用的。

马　克：嗯，这个主意不错。走吧，我们现在就去买。

（二）

　　中国人和世界上所有国家的人一样都喜欢收到礼物。[5]中国人在收到礼物后一般不马上打开看，等客人走了以后再打开。这是尊重送礼物的人的表现。因为中国人觉得送什么礼物不重要，重要的是朋友之间的友谊。有些国家的习惯跟中国不一样。收到礼物后会马上打开看，还要称赞礼物，表示感谢，这也是尊重送礼物的人的表现。所以，在不同的国家，或者对不同国家的人，最好按照当地的习惯去做。

Vocabulary (生词语)

1.	圣诞节	Shèngdàn Jié	*PN*	Christmas
2.	建议	jiànyì	*n. & v.*	suggestion; to suggest
3.	瓷器	cíqì	*n.*	porcelain
4.	茶叶	cháyè	*n.*	tea
5.	真丝	zhēnsī	*n.*	100% silk
6.	围巾	wéijīn	*n.*	scarf
7.	衬衫	chènshān	*n.*	shirt
8.	适合	shìhé	*v.*	to suit
9.	碎	suì	*adj.*	broken into pieces
10.	轻便	qīngbiàn	*adj.*	portable
11.	鲜	xiān	*adj.*	fresh
12.	巧克力	qiǎokèlì	*n.*	chocolate
13.	记得	jìde	*v.*	to remember
14.	不管	bùguǎn	*conj.*	no matter what (how)

Usage: see Language Points

15.	副	fù	*MW*	pair (for gloves, glasses)
16.	手套	shǒutào	*n.*	gloves
17.	实用	shíyòng	*adj.*	practical
18.	主意	zhǔyi	*n.*	idea
19.	世界	shìjiè	*n.*	world
20.	所有(的)	suǒyǒu(de)	*adj.*	all of

Usage: "所有（的）" + N.

e.g. 所有（的）国家　all of the countries

所有（的）人　　all of the people

21.	尊重	zūnzhòng	*v.*	to respect

22. 表现	biǎoxiàn	*n. & v.*	expression; to behave
23. 之间	zhījiān	*n.*	between, among
24. 友谊	yǒuyì	*n.*	friendship
25. 称赞	chēngzàn	*v.*	to praise
26. 表示	biǎoshì	*v.*	to show, to express
27. 感谢	gǎnxiè	*n. & v.*	gratitude; to thank（formal）
28. 当地	dāngdì	*adj.*	local

Language Points (语言点)

1. Sentence pattern(句型): 快　要……了 (kuài yào le)

This pattern is similar to "就 要……了"(jiù yào le)。 It also means "something will happen soon".

"快……了"(kuài le)is as the same as "快　要……了"(kuài yào le)。(这个句型与"就要……了"类似,也表示某事即将发生。"快……了"的意义和用法同"快要……了")

e.g. (1) 圣诞 节 快 要 到 了。(Shèngdàn Jié kuài yào dào le.)

(2) 贝西 的　生日 也 快 到 了。(Bèixī de shēngrì yě kuài dào le.)

✻ Note: Adverbial modifiers of time cannot be used before "快（要）……了"(kuài yào le), but can be used before "就要……了"(jiùyào le). (表示时间的副词不能在"快(要)……了"前面使用,但可以在"就要……了"前面使用)

(1) 快 要 考试 了。(Kuài yào kǎoshì le) You do not say: 下 个 星期 快 要 考试 了。(Xià ge xīngqī kuài yào kǎoshì le.)

But you can say: 下 个 星期 就 要 考试 了。(Xià ge xīngqī jiù yào kǎoshì le.)

2. Compound complement of direction (复合趋向补语)

In Book I, we have learned "simple complement of direction". What do you remember? (在第一册中,我们已经学习了"简单趋向补语"。你还记得些什么？)

_____

_____

Now, let's review "simple complement of direction" and learn "compound complement of direction". (现在,我们先复习一下"简单趋向补语",然后再学习"复合趋向补语")

Only two words can be used as "simple complement of direction", one is "来"(lái), and the other is "去". "V + 来" indicates the action is coming to the speaker; and "V + 去" indicates the action is leaving the speaker. If the object is a place, it should be placed between V and

"来 / 去" (e.g. 2). ("简单趋向补语"只有两个,"V + 来"表示动作朝着说话人方向;"V + 去"表示动作远离说话人方向。如果宾语是处所,应该放在动词和"来 / 去"中间)

e.g. (1)
Jīntiān nǐ shénme shíhou huílái?
今天 你 什么 时候 回来?

(2)
Wǒ kànjiàn tā shàng lóu qù le.
我 看见 她 上 楼 去了。

Compound complements of direction in common use (常用复合趋向补语如下)

	shàng 上	xià 下	jìn 进	chū 出	huí 回	guò 过	qǐ 起
lái 来	shànglái 上来	xiàlái 下来	jìnlái 进来	chūlái 出来	huílái 回来	guòlái 过来	qǐlái 起来
qù 去	shàngqù 上去	xiàqù 下去	jìnqù 进去	chūqù 出去	huíqù 回去	guòqù 过去	×

Basic meanings of the compound complements of direction in common use (常用复合趋向补语的基本意义如下)

shànglái
上来: to come up

shàngqù
上去: to go up

xiàlái
下来: to come down

xiàqù
下去: to go down

jìnlái
进来: to come in

jìnqù
进去: to go in

chūlái
出来: to come out

chūqù
出去: to go out

huílái
回来: to come back

huíqù
回去: to go back

guòlái
过来: to come over

guòqù
过去: to go over

qǐlái
起来: to get up

×

The structure is: V + compound complement of direction . If the verb takes an object, and the object indicates a location or a place, then the object must be placed before "来" or

"去" (e.g. 4). If the object indicates thing, not a location, it can be placed either before or

after "来" or "去" (e.g. 5, 6). (结构 V + 复合趋向补语 中,如果宾语是处所,应该放在"来 / 去"的前面〔例 4〕;如果宾语是事物,放在"来 / 去"的前面或后面都可以〔例 5,6〕)

Wǒ xiǎng mǎi diǎn lǐwù dài huíqù sònggěi jiārén hé péngyou.
e.g. (3)　我　想　买　点　礼物　带　回去　送给　家人　和　朋友。

Wǒ kànjiàn Wáng lǎoshī zǒujìn túshūguǎn qù le.
(4)　我　看见　王　老师　走进　图书馆　去了。

Tā cóng shūjià　　　　　shàng náxià yì běn shū lái.
(5)　他　从　书架(bookshelf)　上　拿下一　本　书　来。

Tā cóng shūjià shàng ná xiàlái yì běn shū.
(6)　他　从　书架　上　拿下来一　本　书。

If there is no object after the main verb, "了" can be placed directly after the verb or the
compound complement of direction (e.g, 7, 8). If there is an object after the verb, "了" is
usually at the end of the sentence or may be omitted (e.g. 4, 6). (如果动词不带宾语，"了"
可以放在动词后面或者复合趋向补语后面〔例7,8〕。如果动词带宾语，"了"一般放在
句子最后或者省略〔例4,6〕)

Tā shuōwán huà zhàn qǐlái zǒule chūqù.
e.g. (7)　他　说完　话　站　起来　走了　出去。

Tā shuōwán huà zhàn qǐlái zǒu chūqù le.
(8)　他　说完　话　站　起来　走　出去　了。

3. **Sentence pattern(句型): 既……又……**

This pattern is as same as "又……又……", indicating the coexistence of two actions or
characteristics. It can be used to link verbs, verbal constructions, adjectives or adjectival
constructions. (这个句型同"又……又……"，表示两种动作或性质同时存在。它可以
用来连接动词、动词短语、形容词或形容词短语)

Cháyè hé sīchóu jì qīngbiàn yòu yǒu tèsè.
e.g. (1)　茶叶　和　丝绸　既　轻便　又　有　特色。

Tā jì shì wǒ de fǔdǎo lǎoshī yòu shì wǒ de hǎopéngyou.
(2)　他　既　是　我　的　辅导　老师　又　是　我　的　好朋友。

Wǒ jì xiǎng qù Xiānggǎng, yòu xiǎng qù Táiwān.
(3)　我　既　想　去　香港，　又　想　去　台湾。

4. **Sentence pattern(句型): 不管……都……**

This pattern is as same as "无论……都……". It also indicates that the situation will happen
regardless of the condition. After "不管", there must be a choice or degree phrase. (这个
句型和"无论……都……"一样，也表示无论条件怎么样结果都不改变。"不管"之后
必须是表示选择或程度的短语)

Bùguǎn wǒmen sòng tā shénme lǐwù, tā dōu huì hěn gāoxìng de.
e.g. (1)　不管　我们　送　她　什么　礼物，她　都　会　很　高兴　的。

Bùguǎn tiānqì hǎo bù hǎo, wǒ dōu yào qù.
(2) 不管 天气 好 不 好，我 都 要 去。

Bùguǎn shuí lái quàn, tā dōu bù tīng.
(3) 不管 谁 来 劝(try to persuade)，他 都 不 听。

gēn　yíyàng
5.　comparison (3)(比较)："跟……一样"

The structure is (句型为)：A＋跟＋B＋一样(＋…)．

The negative form is (否定句为)：A＋跟＋B＋不 一样(＋content)．

Zhōngguórén hé shìjiè shàng suǒyǒu guójiā de rén yíyàng dōu xǐhuan shōudào
e.g. (1) 中国人 和 世界 上 所有 国家 的 人 一样 都 喜欢 收到
lǐwù.
礼物。

Wǒ de yìjiàn gēn tā de wánquán yíyàng.
(2) 我 的 意见(opinion) 跟 他 的 完全 一样。

Yǒuxiē guójiā de xíguàn gēn Zhōngguó bù yíyàng.
(3) 有些 国家 的 习惯 跟 中国 不 一样。

Chinese idiom (汉语俗语)

Qiānlǐ sòng émáo, lǐ qīng qíngyì zhòng.
千里 送 鹅毛，礼轻 情意 重。

It indicates: the gift itself may be light as a goose feather, but sent from afar. It conveys deep feeling. These two parts can be used separately. (这句俗语的意思是，从很远的地方带来极轻微的礼物，但礼轻情意重。两小句可单独使用)

Exercises (练习)

1.　**Fill in the blanks with the proper measure words (填写正确的量词)**

yī xiānhuā
(1) 一 ＿＿＿＿ 鲜花

yī dōngxi
(2) 一 ＿＿＿＿ 东西

yī súyǔ
(3) 一 ＿＿＿＿ 俗语

yī shǒutào
(4) 一 ＿＿＿＿ 手套

yī jiànyì
(5) 一 ＿＿＿＿ 建议

yī zhǔyì
(6) 一 ＿＿＿＿ 主意

yī lǐwù
(7) 一 ＿＿＿＿ 礼物

2. Choose the right words to fill in the blanks (选择正确词语填空)

jiànyì　　shìhé　　shíyòng　　suǒyǒu　　zūnzhòng　　zhījiān
建议　　 适合　　 实用　　 所有　　 尊重　　 之间

Zhè dào cài kěndìng 　　　 tā de kǒuwèi.
(1) 这 道 菜 肯定 _____ 他 的 口味。

Péngyou 　　　 de yǒuyì duì měi ge rén de yìshēng dōu hěn zhòngyào.
(2) 朋友 _____ 的 友谊 对 每 个 人 的 一生 都 很 重要。

Wǒmen yídìng huì kǎolǜ dàjiā tíchū de 　　　 yìjiàn.
(3) 我们 一定 会 考虑 大家 提出 的 _____ 意见。

Wǒ zuótiān zài shūdiàn li mǎile yì běn 　　　 Hànyǔ Yǔfǎ.
(4) 我 昨天 在 书店 里 买了 一 本《_____ 汉语 语法》。

Zhè shì yí ge hěn hǎo de.
(5) 这 是 一 个 很 好 的 _____。

Ànshí shàng kè shì duì lǎoshī de yì zhǒng
(6) 按时 上 课 是 对 老师 的 一 种 _____。

3. Rewrite the sentences with "跟……一样"or "跟……不一样" (用"跟……一样"或者
"跟……不一样"改写句子)

Xiǎo Wáng yì mǐ bā líng, Xiǎo Zhāng yě shì yì mǐ bā líng.
(1) 小 王 1米 80, 小 张 也 是 1米 80。

Xiǎo Wáng xǐhuan dǎ lánqiú, 　　　 Xiǎo Zhāng xǐhuan tī zúqiú.
(2) 小 王 喜欢 打 篮球(basketball), 小 张 喜欢 踢 足球(soccer)。

Xiǎo Wáng shíbā suì, Xiǎo Zhāng yě shì shíbā suì.
(3) 小 王 18 岁, 小 张 也 是 18 岁。

Xiǎo Wáng liù yuè shí rì chūshēng, Xiǎo Zhāng shí yuè shí rì chūshēng.
(4) 小 王 6 月 10 日 出生, 小 张 10 月 10 日 出生。

Xiǎo Wáng chuānzhe hóngsè de yīfu, Xiǎo Zhāng chuānzhe lánsè de yīfu.
(5) 小 王 穿着 红色 的 衣服, 小 张 穿着 蓝色 的 衣服。

Xiǎo Wáng shì Zhōngguórén, Xiǎo Zhāng yě shì Zhōngguórén.
(6) 小 王 是 中国人, 小 张 也 是 中国人。

4. Complete the sentences with the given words (按照要求完成下列句子)

Wǒ de bàba māma 　　　 kuài le
(1) 我 的 爸爸 妈妈 _____。(快……了)

Zhōngguócài 　　　 wǒ hěn xǐhuan chī jì yòu
(2) 中国菜 _____,我 很 喜欢 吃。(既……又……)

Zhè jǐ tiān yǒu táifēng 　　　 zuìhǎo
(3) 这 几 天 有 台风, _____。(最好)

Wǒmen dōu huì děng nǐ de. bùguǎn
(4) _____,我们 都 会 等 你 的。(不管)

5. Match and describe (连线与描述)

Match the pictures and phrases, and then describe each picture with a complete sentence.
(请把左边的图片和右边相应的短语连起来,并且用一句话描述每张图片)

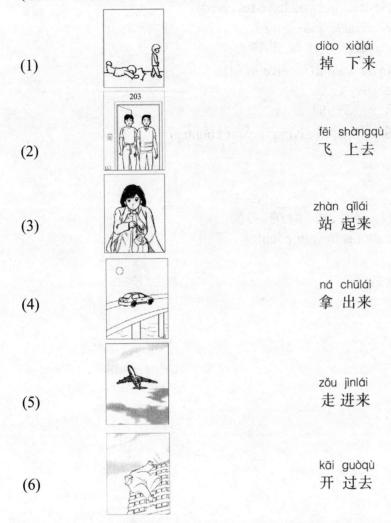

(1)

diào xiàlái
掉 下来

(2)

fēi shàngqù
飞 上去

(3)

zhàn qǐlái
站 起来

(4)

ná chūlái
拿 出来

(5)

zǒu jìnlái
走 进来

(6)

kāi guòqù
开 过去

6. Answer the questions according to the text (根据课文内容回答问题)

Lǐ Dàmíng jiànyì Mǎkè mǎi shénme lǐwù dàihuí guó?

(1) 李大明 建议 马克 买 什么 礼物 带回 国?

Mǎkè hé Lǐ Dàmíng juédìng sòng shénme lǐwù gěi Bèixī? Wèi shénme?

(2) 马克 和 李大明 决定 送 什么 礼物 给 贝西？为 什么？

Zhōngguórén shōudào lǐwù hòu wèi shénme bù mǎshàng dǎkāi?

(3) 中国人   收到 礼物 后 为 什么 不 马上 打开？

Yǒuxiē guójiā de rén shōudào lǐwù hòu mǎshàng dǎkāi, wèi shénme?

(4) 有些 国家 的 人 收到 礼物 后 马上 打开,为 什么？

7. Listening comprehension (听力理解)

Retell what you hear with your own words. (用自己的话复述你听到的内容)

8.   Group task (小组活动)

Shuōshuo   nǐ   shōudào   guò de zuì tèbié de yí fèn lǐwù.

(1)   说说   你 收到   过 的 最特别 的 一 份 礼物。

(Talk about the most special gift you have received)

Shuōshuo   nǐ   zuì xiǎng shōudào shénme lǐwù.

(2)   说说   你 最 想   收到   什么 礼物。

(Talk about what gift you want to receive most)

Shuōshuo nǐmen guójiā sòng lǐ   de jìnjì.

(3)   说说   你们 国家 送 礼 的 禁忌。

(Talk about the taboos of the gift giving in your country)

9.   Writing (写写看)

Gěi dàjiā jièshào yíxià nǐmen guójiā sòng lǐ   de xíguàn.

给 大家 介绍 一下 你们 国家 送 礼 的 习惯。

(Introduce the gift giving customs in your country)

10.   Learn to sing (学唱中文歌)

Shēngrì gē

《生日 歌》

Zhù nǐ   shēngrì kuàilè!

祝 你 生日 快乐!

Zhù nǐ shēngrì kuàilè!

祝 你 生日 快乐!

Zhù nǐ shēngrì kuàilè!

祝 你 生日 快乐!

Zhù nǐ shēngrì kuàilè!

祝 你 生日 快乐!

11.   Joke (笑话)

Nǚ: "Míngtiān shì wǒ de shēngrì, nǐ   huì sòng wǒ shénme lǐwù?"

女:"明天 是 我 的 生日,你 会 送 我 什么 礼物?"

Nán: "Hé qùnián yíyàng."

男:"和 去年 一样。"

Nǚ: "Qùnián nǐ sòng wǒ de shì shénme?"

女:"去年 你 送 我 的 是 什么?"

Nán: "Hé qiánnián yíyàng."

男:"和 前年 一样。"

Nǚ: "Qiánnián nǐ sòng wǒ de shì shénme ne?"

女:"前年 你 送 我 的 是 什么 呢?"

Nán: "Qiánnián wǒ hái bú rènshi nǐ, suǒyǐ shénme yě méi sòng."

男:"前年 我 还 不 认识 你,所以 什么 也 没 送。"

Unit 27
Happy Weekend

zhōumò yúkuài
周末 愉快

---

1. Zhège zhōumò yǒu shénme ānpái?

2. Nǐ lián jīngjù yě tīng de dǒng?

3. Zhǐyào tíqián liǎng tiān yùdìng, jiù yǒu piào.

4. Yǒude xǐhuan guàngguang jiē、chàngchang gē、

   tiàotiao wǔ shénme de.

5. Xiǎng shuìdào jǐ diǎn jiù shuìdào jǐ diǎn.

这个周末有什么安排？

你连京剧也听得懂？

只要提前两天预订，就有票。

有的喜欢逛逛街、唱唱歌、跳跳舞什么的。

想睡到几点就睡到几点。

---

kèwén (Text)

（Ⅰ）

Mǎkè: Zhège zhōumò yǒu shénme ānpái?

Bèixī: Péngyou qǐng wǒ qù kàn jīngjù.

Mǎkè: Tiān na, nǐ lián jīngjù yě tīng de dǒng?[1] Zhēn lìhai!

Bèixī: Wǒ tīng bu dǒng, dànshì péngyou shuō yǒu Yīngwén zìmù. Qíshí, xiànzài hěn duō Zhōngguó de niánqīngrén yě tīng bu dǒng.

Mǎkè: Wǒ hái méi kànguo jīngjù ne. Nǐ kànle yǐhòu yídìng yào gàosu wǒ nǐ de gǎnjué.

Bèixī: Hǎo de. Nǐ ne? Zhǔnbèi qù nǎr wán?

Mǎkè: Wǒ hái méi juédìng, yǒu kěnéng hé péngyou yìqǐ qù kàn qiúsài.

Bèixī: Shénme qiúsài? Zúqiú ma?

Mǎkè: Duì, wǒ zuì xǐhuan kàn zúqiúsài.

Bèixī: Tīngshuō zhōumò de qiúpiào fēicháng nánmǎi.

Mǎkè: Shì de, búguò wǒ shì zúqiú jùlèbù de huìyuán, zhǐyào tíqián liǎng tiān dǎ diànhuà yùdìng, jiù yǒu piào.

(II)

(Lǐ Dàmíng shuō) Xiànzài wǒmen měi zhōu xiūxi liǎng tiān, zhōumò de shíjiān bǐ guòqù cháng le, shēnghuó yě gèng fēngfù le. Yǒude xǐhuan hé quánjiā tuánjù, dàjiā yìqǐ zuò yìxiē hǎochī de fàncài, liáoliao yì zhōu de xīnwén; yǒude xǐhuan yuē péngyou chūqù wán, guàngguang jiē、chàngchang gē、tiàotiao wǔ、kànkan diànyǐng shénme de; hái yǒude qù xuéxiào xuéxí wàiyǔ、diànnǎo、guǎnlǐ děng zhuānyè zhīshi hé jìshù. Wèile péiyǎng háizi, yǒuxiē fùmǔ bùdébù lìyòng zhōumò dài háizi qù gè zhǒng fǔdǎobān xuéxí.[2] Wǒ ne, zuì xǐhuan shuì lǎn jiào, xiǎng shuìdào jǐ diǎn jiù shuì dào jǐ diǎn.[3] Nǐ yìbān zěnme guò zhōumò ne?

课　文

(一)

马　克：这个周末有什么安排？

贝　西：朋友请我去看京剧。

马　克：天哪，你连京剧也听得懂？[1] 真厉害！

贝　西：我听不懂，但是朋友说有英文字幕。其实，现在很多中国的年轻人也听不懂。

马　克：我还没看过京剧呢。你看了以后一定要告诉我你的感觉。

贝　西：好的。你呢？准备去哪儿玩？

马　克：我还没决定，有可能和朋友一起去看球赛。

贝　西：什么球赛？足球吗？

马　克：对，我最喜欢看足球赛。

贝　西：听说周末的球票非常难买。

马　克：是的，不过我是足球俱乐部的会员，只要提前两天打电话预订，就有票。

(二)

(李大明说)现在我们每周休息两天，周末的时间比过去长了，生活也更丰富了。有的喜欢和全家团聚，大家一起做一些好吃的饭菜，聊聊一周的新闻；有的喜欢约朋友出去玩，逛逛街、唱唱歌、跳跳舞、看看电影什么的；还有的去学校学习外语、电脑、管理等专业知识和技术。为了培养孩子，有些父母不得不利用周末带孩子去各种辅导班学习。[2] 我呢，最喜欢睡懒觉，想睡到几点就睡到几点。[3] 你一般怎么过周末呢？

Vocabulary (生词语)

1. 京剧	jīngjù	n.	Beijing opera
2. 厉害	lìhai	adj.	marvelous, terrible
3. 字幕	zìmù	n.	subtitle
4. 其实	qíshí	adv.	in fact
5. 年轻	niánqīng	adj.	young
6. 赛	sài	n.	match
7. 足球	zúqiú	n.	soccer
8. 俱乐部	jùlèbù	n.	club
9. 会员	huìyuán	n.	member
10. 过去	guòqù	n.	the past
11. 丰富	fēngfù	adj.	abundant, a variety of something, rich
12. 团聚	tuánjù	v.	to get together
13. 新闻	xīnwén	n.	news
14. 约	yuē	v.	to make an appointment
15. 跳舞	tiào wǔ	VO	to dance
16. 电脑	diànnǎo	n.	computer
17. 管理	guǎnlǐ	n. & v.	management; to manage
18. 等	děng	part.	etc
19. 专业	zhuānyè	n.	specialty, major at a university
20. 知识	zhīshi	n.	knowledge
21. 技术	jìshù	n.	skill, technology
22. 为了	wèile	prep.	in order to
			Usage: see Language Points
23. 培养	péiyǎng	v.	to train
24. 不得不	bùdébù		have to
25. 利用	lìyòng	v.	to make use of
26. 懒	lǎn	adj.	lazy

Useful Words & Expressions (补充词汇与短语)

1. 卡拉 OK	kǎlā OK	n.	karaoke
2. 音乐会	yīnyuèhuì	n.	concert
3. 芭蕾舞	bālěiwǔ	n.	ballet
4. 歌剧	gējù	n.	opera

5. 杂技	zájì	*n.*	acrobatics
6. 烧烤	shāokǎo	*n.*	barbecue(BBQ)
7. 野餐	yěcān	*n.*	picnic
8. 划船	huá chuán	*VO*	to row a boat

Language Points (语言点)

1. Complement of potential (可能补语)

The complement of potential indicates possibility or impossibility. It is formed by placing
"得"or "不" between the verb and the complement of result or direction. (可能补语表示
动作的可能性或者不可能性,在动词和表结果或方向的补语中间加"得"或"不"构成)

The affirmative form: V + 得 + complement (肯定句: V +"得"+ 补语)

The negative form: V + 不 + complement (否定句: V +"不"+ 补语)

The question form: the affirmative form + the negative form (疑问句: 肯定式 + 否定式)

The affirmative form means the possibility of the action, and the negative form means the
opposite. If the verb takes an object, the object can be placed after the complement or in
the very beginning of the sentence. (肯定式表示动作可能发生,否定式表示动作不可
能发生。动词带宾语时,宾语可以放在补语后面或者句首)

e.g. (1) 你 连 京剧 也 听 得 懂?
Nǐ lián jīngjù yě tīng de dǒng?

(2) 现在 很 多 中国 的 年轻人 也 听 不 懂 京剧。
Xiànzài hěn duō Zhōngguó de niánqīngrén yě tīng bu dǒng jīngjù.

(3) 教室 的 门 还 没 开,我们 进 不 去。
Jiàoshì de mén hái méi kāi, wǒmen jìn bu qù.

(4) A: 你 买到 车票 了 吗?今天 回 得 来 回 不 来?
Nǐ mǎidào chēpiào le ma? Jīntiān huí de lái huí bu lái?

B: 还 没 买到,不 知道 回 得 去 回 不 去。
Hái méi mǎidào, bù zhīdao huí de qù huí bu qù.

Several special complements and their meanings, examples are as follows: (几个特殊的
补语及其意义,用例如下)

	complement	meaning	example	
1.	了 liǎo	the possibility of an action	来 得 了 lái de liǎo be able to come	来 不 了 lái bu liǎo not able to come
2.	下 xià	there is enough room to hold or not	坐 得 下 zuò de xià can hold	坐 不 下 zuò bu xià can not hold
3.	起 qǐ	there is enough ability or not	买 得 起 mǎi de qǐ can afford to buy	买 不 起 mǎi bu qǐ can not afford to buy

2. 为了
wèile

It is usually used at the beginning of a sentence, indicating the purpose/ideal/benefit of doing something. (一般放在句首,表示动作的目的、目标或者好处)

e.g. (1) 为了 培养 孩子,有些 父母 不得不 利用 周末 带 孩子 去 各 种
Wèile péiyǎng háizi, yǒuxiē fùmǔ bùdébù lìyòng zhōumò dài háizi qù gè zhǒng
辅导班 学习。
fǔdǎobān xuéxí.

(2) 为了 你 姐姐 我 才 帮助 你。
Wèile nǐ jiějie wǒ cái bāngzhù nǐ.

(3) 为了 让 你 听 清楚(clear),我 说 得 慢 一些。
Wèile ràng nǐ tīng qīngchǔ, wǒ shuō de màn yìxiē.

3. The flexible use of the interrogative pronouns (2) (疑问代词活用)

Two same interrogative pronouns are used together to correspond with each other in one sentence. The first one is indefinite, meaning "whatever, however, wherever, whoever, whenever". The second one is definite, and the first deciding the second. (两个相同的疑问代词同时使用,第一个词表示任指;第二个词表示特指,特指对象决定于第一个词)

e.g. (1) 想 睡到 几 点 就 睡到 几 点。
Xiǎng shuìdào jǐ diǎn jiù shuìdào jǐ diǎn.

(Whenever you want to sleep till, you can sleep till then)

(2) 什么 地方 好玩 就 去 什么 地方。
Shénme dìfang hǎowán jiù qù shénme dìfang.

(Whatever place is fun, we go to that place)

(3) 谁 有 空 谁 就 去。(Whoever is free, that person will go)
Shuí yǒu kòng shuí jiù qù.

Chinese idiom

望 子 成 龙。
Wàng zǐ chéng lóng.

Dragon is a very good mythical animal in Chinese. So this idiom means: expect one's own son to be talented, hope one's own son will turn out a dragon. (龙在中国人的心目中是一种非常吉祥的神话动物。所以这句俗语的意思是:希望自己的儿子能成为出人头地或有作为的人)

Exercises (练习)

1. Word extension (词语扩展)

tīng dǒng　tīng de dǒng　tīng bu dǒng　tīng de dǒng tīng bu dǒng
例：听懂——听得懂——听不懂——听 得 懂 听 不 懂
　　　　　　　　　(+)　　　　　(—)　　　　　　(?)

kànjiàn
(1) 看见　　　看得见　　　看不见　　　看得见看不见
　　你看得见看不见那张照片？

zuòwán
(2) 做完
　　我做得完不的功课。

xǐ gānjìng
(3) 洗 干净　　　　　　　　　　　　　洗得干净洗不干净
　　　　　　　　　　　　　　　　　　洗得干净不干净 (can't do this, its complicated) digrée.）

shuō qīngchu
(4) 说 清楚　　　　　　　　　　　　　说得清楚说不
　　老师说话说 不清楚

huílái
(5) 回来
　　他出国了，周末回得来回不来。

jìnqù
(6) 进去
　　你进得去房间吗？

pá shànglái
(7) 爬 上来
　　你爬得上来吗？

zǒu guòqù
(8) 走 过去
　　下雨了，我们走不过去。

2. Choose the right words to fill in the blanks (选择正确词语填空)

lìhai　qíshí　yuē　wèile　lìyòng
厉害　其实　约　为了　利用

Míngtiān nǐ　le jǐ diǎn qù kàn yáyī?
(1) 明天 你 约 了几点 去 看 牙医(dentist)？

zài Zhōngguó zhǎo gōngzuò, tā nǔlì xuéxí Hànyǔ.
(2) 为了 在 中国 找 工作，他 努力学习 汉语。

tā niánjì bù xiǎo le.
(3) 其实 他 年纪不 小 了。

Yìdàlì zúqiúduì yòuqiánfēng de shèmén hěn
(4) 意大利 足球队 右前锋(forward) 的 射门(shoot at the goal) 很 厉害 。

zài Shànghǎi gōngzuò de jīhuì, tā rènzhēn de xuéxí Shànghǎihuà.
(5) 利用 在 上海 工作 的机会，他 认真 地学习 上海话。

3. Choose the correct complements to fill in the blanks (选择正确的补语填空)

xiū bu hǎo　zuò bu xià　mǎi bu qǐ　kàn de dǒng　tīng bu qīngchu
修 不 好　坐 不 下　买 不 起　看 得 懂　听 不 清楚
fā bu liǎo　guò bu qù　huí bu qù　chī bu wán　xǐ de gānjìng
发 不 了　过 不 去　回 不 去　吃 不 完　洗 得 干净

Bú yào diǎn tài duō cài, wǒmen liǎng ge rén
(1) 不要点 太多 菜，我们 两 个 人 吃不完 。

Wǒ hái méi mǎidào fēijīpiào, jīnnián Chūn Jié kěnéng 回不去 le.

(2) 我 还 没 买到 飞机票，今年 春 节 可能 <u>买不去</u> 了。

Zhège fángjiān tài xiǎo le, nàme duō rén.

(3) 这个 房间 太 小 了，<u>坐不下</u> 那么 多 人。

Wǒ zài huǒchēzhàn, nǐ shuō shénme, wǒ

(4) 我 在 火车站，你 说 什么，我 <u>听不清楚</u>。

Wǒ de diànnǎo huài le, le.

(5) 我 的 电脑 坏 了，<u>发不了</u> e-mail 了。

Zhèxiē jùzi dōu shì Zhōngwén de, shuí ?

(6) 这些 句子 都 是 中文 的，谁 <u>看得懂</u>？

Zhè jiàn yīfu tài zāng le, 洗得干净 ma?

(7) 这件 衣服 太 脏 了，<u>修不好</u> 吗？

Nǐ zhè tái diànshìjī tài lǎo le, wǒ

(8) 你 这 台 电视机(TV) 太 老 了，我 <u>修不好</u>。 can not repair

Zhèli , wǒmen děi zǒu nàge mén.

(9) 这里 <u>过不去</u>，我们 得 走 那个 门。

Zhè zhǒng chē tài guì, wǒmen gāng gōngzuò,

(10) 这 种 车 太 贵，我们 刚 工作，<u>买不起</u>。

4. Fill in the blanks with the proper interrogative pronouns (填写合适的疑问词)

Nǐ juéde fāngbiàn jiù qù.

(1) 你 觉得 <u>几点</u> 方便 就 <u>几点</u> 去。

Nǐ yǐjīng zhǎngdà le, xǐhuan zuò gōngzuò jiù zuò gōngzuò ba.

(2) 你 已经 长大 了，喜欢 做 <u>什么</u> 工作 就 做 <u>什么</u> 工作 吧。

Míngtiān yì tiān wǒ dōu zài jiā, nǐ xiǎng lái jiù lái.

(3) 明天 一 天 我 都 在 家，你 想 <u>什么时候</u>来 就 <u>什么时候</u> 来。

Jīntiān tài gāoxìng le, dàjiā suíbiàn hē, xiǎng hē hē

(4) 今天 太 高兴 了，大家 随便 喝，想 喝 <u>什么</u>喝什么。

Yǒu de fùmǔ jiù yǒu de érnǚ.

(5) 有 <u>谁</u> 的 父母 就 有 <u>谁</u> 的 儿女。

yuànyì qù qù, wǒ kěndìng bú qù.

(6) <u>什么地方</u> 愿意(to be willing) 去 <u>什么地方</u>去，我 肯定 不 去。

Zhèli yǒu hěn duō shū, nǐ xiǎng kàn běn jiù kàn běn. 几/多少 quantity

(7) 这里 有 很 多 书，你 想 看 <u>几</u> 本 就 看 <u>几</u> 本。

5. Answer the questions according to the text (根据课文内容回答问题)

zhège zhōumò Mǎkè hé Bèixī dǎsuan zěnme guò?

(1) 这个 周末 马克 和 贝西 打算 怎么 过？

Bèixī tīng de dǒng jīngjù ma?

(2) 贝西 听 得 懂 京剧 吗？

Mǎkè wèishénme néng hěn róngyì de mǎidào zhōumò de qiúpiào?

(3) 马克 为什么 能 很 容易 地 买到 周末 的 球票？

Zhōngguórén yìbān zěnme guò zhōumò?

(4) 中国人 一般 怎么 过 周末？

Lǐ Dàmíng zhōumò zuì xǐhuan zuò shénme?
(5) 李 大明　周末　最　喜欢　做　什么？

6. Fill in the blanks (填空)

Měi nián Shànghǎi yǒu hěn duō rén yào chū guó. Yǒude qù gōngzuò, _____ qù lǚxíng,
每 年　上海　有　很　多　人　要　出　国。有的　去　工作, 有的　去 旅行,

yǒude qù liú xué _____ qù dìngjū Qù liú xué de dà-
有的　去　留 学(to study abroad), 还有的　去　定居 (to settle down)。去　留　学　的　大

duōshù shì 20 suì _____ de xuésheng, tāmen méiyǒu qù _____ guówài, háiyǒu hěn duō
多数　是　20　岁 左右(about) 的　学生, 他们　没有　去 去过 国外, 还有　很　多

rén méiyǒu líkāi _____ jiā suǒyǐ qī-bā yuè de shíhou, nǐ zài jīchǎng _____ kěyǐ kàndào
人　没有　离开 过 家。所以　七八　月　的　时候, 你　在　机场 常常 可以　看到

bàba māma ná _____ hěn duō xíngli, zhǔnbèi sòng tāmen de érzi _____ nǚ'ér
爸爸　妈妈 拿 着 很　多　行李(luggage), 准备　送　他们　的　儿子 或者 女儿

shàng fēijī. Tāmen yì fāngmiàn hěn gāoxìng, yì fāngmiàn yòu hěn _____ Yīnwèi tāmen
上　飞机。他们　一　方面　很　高兴, 一　方面　又　很 紧张/担心。因为　他们

bù zhīdào zìjǐ de háizi _____ zài guówài hǎohāo shēnghuó.
不　知道　自己　的　孩子 可可以 在　国外　好好 生活。

7. Listening comprehension (听力理解)

Answer the following questions (回答下列问题)

Nǚ de zài zuò shénme?
(1) 女　的　在　做　什么？

Nǚ de juéde yùndòng zázhì zěnmeyàng?
(2) 女　的　觉得　运动　杂志　怎么样？

Nán de kànguo Zhōngwén zázhì ma?
(3) 男　的　看过　中文　杂志　吗？

Shuí duì yùndòng gǎn xìngqù?
(4) 谁　对　运动　感　兴趣？

Nán de xiànzài wèi shénme bù cháng yùndòng le?
(5) 男　的　现在　为　什么　不　常　运动　了？

8. Group task (小组活动)

Shuō yì tiáo zuótiān de xīnwén.
(1) 说　一　条　昨天　的　新闻。(Introduce a piece of news happened yesterday)

shuōshuo nǐ zhège zhōumò de ānpái.
(2) 说说　你　这个　周末　的　安排。(Talk about your plan on this weekend)

Shuōshuo nǐ fùmǔ duì nǐ de xīwàng huòzhě nǐ duì nǐ háizi de xīwàng.
(3) 说说　你　父母　对　你　的　希望　或者　你　对　你　孩子　的　希望。

(Talk about your parents' expectation toward you or your expectation toward your children)

Yǐ "dài háizi cānjiā gè zhǒng fǔdǎobān hǎo bu hǎo" wéi tí jìnxíng biànlùn.
(4) 以 "带　孩子　参加　各　种　辅导班　好　不　好" 为　题　进行　辩论。

(Debate-topic: Is taking children to many tutorial classes good or not?)

9. Writing (写写看)

Wǒ de zhōumò shēnghuó.
我 的 周末 生活。(My weekend life)

10. Joke (笑话)

Zhōumò, yí ge niánqīngrén zài gōngyuán pǎo bù. Tā kànjiàn yí wèi lǎorén zuòzài dì
周末，一 个 年轻人 在 公园 跑步。他 看见 一 位 老人 坐在 地

shàng kū.   Yúshì, niánqīngrén tíng xiàlái, wèn lǎorén: "yǒu shénme kěyǐ bāng nǐ de ma?"
上 哭。于是，年轻人 停 下来，问 老人:"有 什么 可以 帮 你 的 吗？"

"Wǒ de shēnghuó hěn hǎo."
"我 的 生活 很 好。"

"zhēn de ma?"
"真 的 吗？"

Lǎorén shuō: "zhēn de! Wǒ zuìjìn jié hūn le! Wǒ bāshí suì, wǒ de tàitai èrshí'èr suì.
老人 说:"真 的! 我 最近 结婚 了! 我 八十 岁，我 的 太太 二十二 岁。

Tā shì hěn yǒumíng de yǎnyuán,   érqiě fēicháng piàoliang."
她 是 很 有名 的 演员(actor)，而且 非常 漂亮。"

"Nà nǐ wèi shénme kū ne? Huí jiā ba! "
"那 你 为 什么 哭 呢？回 家 吧！"

"Wǒ zhù zài nǎli? Wǒ wàngjì le! "
"我 住 在 哪里？我 忘记 了！"

Unit 28

Trouble

má fán shì
麻烦 事

---

1. Nǐ zěnme zhème wǎn cái huí jiā? | 你怎么这么晚才回家？
2. Chē huádào lù biān bèi zhuànghuài le. | 车滑到路边被撞坏了。
3. Rén méi bèi zhuàngshāng ba? | 人没被撞伤吧？
4. Míngtiān wǒ huì hé bǎoxiǎn gōngsī liánxì de. | 明天我会和保险公司联系的。
5. Yóuyú gōngzuò yuányīn, bùdébù tuīchí. | 由于工作原因，不得不推迟。

---

kèwén (Text)

（I）

Mǎkè: Wǒ huílái le.

Tàitai: Zěnme zhème wǎn cái huílái?[1]

Mǎkè: Chūle diǎn shì. Sòngbiéhuì shàng duō hēle jǐ bēi, zài jiāshàng xià dà yǔ, kāi chē huí jiā de shíhou, chē huádào lù biān bèi zhuànghuài le.[2]

Tàitai: Hē le jiǔ zěnme néng kāi chē ne?[3]

Mǎkè: Wǒmen děngle bàn ge duō xiǎoshí méiyǒu jiàodào chūzūchē, zhǐhǎo zìjǐ kāi chē le.

Tàitai: Ràng wǒ kànkan, rén méi bèi zhuàngshāng ba?

Mǎkè: Wǒ méi shì. Dàmíng zài wǒ de chē shàng, tā de shǒu bèi zhuàngpò le, búguò yīshēng shuō wèntí bú dà.

Tàitai: Zhuàngdào biéren méiyǒu?

Mǎkè: Méiyǒu.

Tàitai: Nà jiù hǎo. Chē zěnmeyàng le?

Mǎkè: Chē wǒ yǐjīng sòngdào xiūlǐchǎng le. Wǒmen de chē bànguò bǎoxiǎn, míngtiān wǒ huì hé bǎoxiǎn gōngsī liánxì de.

Tàitai: Ǹg, zǎo diǎn xiūxi ba.

(Dì-èr tiān, Mǎkè dǎ diànhuà gěi bǎoxiǎn gōngsī.)

Gōngzuò rényuán: Nín hǎo! Zhèli shì Píng'ān Bǎoxiǎn Gōngsī.

Mǎkè:　　　　Nǐ hǎo. Wǒ de chē zuótiān wǎnshang chūle shìgù, wǒ xiǎng wènwen lǐpéi de shǒuxù.

Gōngzuò rényuán: Qǐng wèn nín de xìngmíng hé chēpái hàomǎ.

Mǎkè:　　　　Wǒ jiào Mǎkè, chēpái shì Hù A wǔ yāo bā bā.

Gōngzuò rényuán: Qǐng shāo děng, wǒ chá yíxià.

(guòle yíhuìr)

Gōngzuò rényuán: Xiānshēng, duìbuqǐ, nín de bǎodān shàng ge xīngqī guòqī le. Suǒyǐ, zhè cì de shìgù nín bù néng dédào péikuǎn.

Mǎkè:　　　　Ō, duì le, wǒ yuánlái dǎsuan shàng ge yuè huí guó de, suǒyǐ méiyǒu zài xù bǎo. Xièxie nǐ.

（Ⅱ）

　　　Mǎkè yuánlái dǎsuan shàng ge yuè líkāi Zhōngguó, dànshì yóuyú gōngzuò yuányīn, tā bùdébù tuīchíle jǐ ge xīngqī.[4] Zuótiān péngyoumen wèi tā jǔxíngle sòngbié wǎnhuì.[5] Dàjiā dōu hēle hěn duō jiǔ. Huí jiā de shíhou, yīnwèi xià yǔ lù huá, Mǎkè bù xiǎoxīn chūle jiāotōng shìgù. Chē bèi zhuànghuài le, Lǐ Dàmíng de shǒu yě bèi zhuàngpò le. Dì-èr tiān, Mǎkè hé bǎoxiǎn gōngsī liánxì, kě bǎoxiǎn gōngsī shuō chē de bǎoxiǎnqī gāng guò, bù néng dédào péikuǎn. Zhè zhēn shì huò bù dānxíng a!

课　文

（一）

马　　克：我回来了。

太　　太：怎么这么晚才回来？[1]

马　　克：出了点事。送别会上多喝了几杯，再加上下大雨，开车回家的时候，车滑到路边被撞坏了。[2]

太　　太：喝了酒怎么能开车呢？[3]

马　　克：我们等了半个多小时没有叫到出租车，只好自己开车了。

太　　太：让我看看，人没被撞伤吧？

马　　克：我没事。大明在我的车上，他的手被撞破了，不过医生说问题不大。

太　　太：撞到别人没有？

马　　克：没有。

太　　太：那就好。车怎么样了？

马　　克：车我已经送到修理厂了。我们的车办过保险，明天我会和保险公司联系的。

太　　太：嗯,早点休息吧。

(第二天,马克打电话给保险公司。)

工作人员：您好! 这里是平安保险公司。

马　　克：你好。我的车昨天晚上出了事故,我想问问理赔的手续。

工作人员：请问您的姓名和车牌号码。

马　　克：我叫马克,车牌是沪 A5188。

工作人员：请稍等,我查一下。

(过了一会儿)

工作人员：先生,对不起,您的保单上个星期过期了。所以,这次的事故您不能得到赔款。

马　　克：噢,对了,我原来打算上个月回国的,所以没有再续保。谢谢你。

(二)

　　　　马克原来打算上个月离开中国,但是由于工作原因,他不得不推迟了几个星期。[4] 昨天朋友们为他举行了送别晚会。[5] 大家都喝了很多酒。回家的时候,因为下雨路滑,马克不小心出了交通事故。车被撞坏了,李大明的手也被撞破了。第二天,马克和保险公司联系,可保险公司说车的保险期刚过,不能得到赔款。这真是祸不单行啊!

Vocabulary (生词语)

1.	这么	zhème	*adv.*	so
2.	出事	chū shì	*VO*	to have an accident
3.	送别会	sòngbiéhuì	*n.*	farewell party
4.	再加上	zài jiāshàng		in addition, besides
5.	滑	huá	*v. & adj.*	to slip; slippery
6.	被	bèi	*prep.*	by
				Usage: see Language Points
7.	撞	zhuàng	*v.*	to bump, to strike into
8.	伤	shāng	*n. & v.*	wound; to be injured (could be internal)
9.	破	pò	*v. & adj.*	to be visibly wounded; broken (for clothes)
10.	别人	biéren	*n.*	other people
11.	修理	xiūlǐ	*v.*	to repair
12.	厂	chǎng	*n.*	factory, garage
13.	保险	bǎoxiǎn	*n.*	insurance
14.	联系	liánxì	*v.*	to contact
15.	事故	shìgù	*n.*	accident
16.	理赔	lǐpéi	*n.*	settle claims

17.	车牌	chēpái	*n.*	car plate
18.	沪	Hù	*PN*	Shanghai's abbreviation
19.	查	chá	*v.*	to check
20.	保单	bǎodān	*n.*	insurance policy
21.	过期	guò qī	*VO*	to be overdue, to expire
22.	赔款	péikuǎn	*n.*	indemnity
23.	续	xù	*v.*	to continue
24.	由于	yóuyú	*prep.*	due to
				Usage: see Language Points
25.	推迟	tuīchí	*v.*	to delay
26.	小心	xiǎoxīn		to be careful
27.	期	qī	*n.*	term

Useful Words & Expressions (补充词汇与短语)

1.	断	duàn	*adj.*	broken (for bones)
2.	骨折	gǔzhé	*n.*	fracture
3.	偷	tōu	*v.*	to steal
4.	小偷	xiǎotōu	*n.*	thief
5.	报警	bào jǐng	*VO*	to call the police
6.	倒霉	dǎoméi	*adj.*	to be down on one's luck

Language Points (语言点)

zěnme   zhème
1. 怎么 + 这么 + adj.

This pattern usually indicates complaint. (这个结构常用来表示抱怨)

　　　　　Nǐ zěnme zhème wǎn cái huí jiā?
e.g. (1) 你 怎么 这么 晚 才 回家？

　　　　　Shànghǎi de rén zěnme zhème duō.
　　(2) 上海   的 人 怎么 这么 多。

　　　　　Zhèli de fúwùyuán tàidu   zěnme zhème chà.
　　(3) 这里 的 服务员 态度(attitude)怎么 这么 差。

2. The "被" sentence （"被"字句）

The construction with the preposition "被" carries a passive meaning.

The sentence pattern: $\boxed{S + \text{"被"} (+ O) + V + \text{other element}}$.

The negative form: $\boxed{S + \text{"没"} + \text{"被"} (+ O) + V + \text{other element}}$.

（"被"字句表示被动的意义，句型为：$\boxed{\text{主语} + \text{"被"} (+ \text{宾语}) + \text{动词} + \text{其他成分}}$。否定

句为：$\boxed{\text{主语} + \text{"没"} + \text{"被"} (+ \text{宾语}) + \text{动词} + \text{其他成分}}$）

The subject is the recipient of the action, and the object is the agent of the action. The agent can be omitted if it is not important or unknown. （主语是动作的接受者，宾语是动作的施行者。施行者不重要或者不知道时可省略）

e.g. (1) 我 的 汽车 滑到 路 边 被 撞坏 了。
Wǒ de qìchē huádào lù biān bèi zhuànghuài le.

(2) 人 没 被 撞伤 吧？
Rén méi bèi zhuàngshāng ba?

(3) 我 的 钱包(wallet)被 小偷 偷 了。
Wǒ de qiánbāo bèi xiǎotōu tōu le.

3. Rhetorical question construction（反问句）：怎么……呢？
zěnme ne

This is a rhetorical question construction. The affirmative form conveys a negative attitude, while the negative form conveys an affirmative attitude. （这是一个反问句，肯定形式加强否定语气，否定形式则加强肯定语气）

e.g. (1) 喝了酒 怎么 能 开车 呢？（＝不 能 开 车）
Hēle jiǔ zěnme néng kāi chē ne? bù néng kāi chē

(2) 你 不 告诉 我，我 怎么 会 知道 呢？（＝不 知道）
Nǐ bú gàosu wǒ, wǒ zěnme huì zhīdao ne? bù zhīdao

(3) 走了 这么 多 路，怎么 不 累呢。（＝很 累）
zǒule zhème duō lù zěnme bú lèi ne? hěn lèi

4. 由于
yóuyú

The meaning of "由于" is as same as"因为", but it is a little bit formal and usually used at the beginning of a sentence. （"由于"的意思同"因为"一样，但"由于"比较正式，一般放在句首）

e.g. (1) 由于 工作 原因，他 不得不 推迟了 几 个 星期。
Yóuyú gōngzuò yuányīn, tā bùdébù tuīchíle jǐ ge xīngqī.

Yóuyú dà wù, wǒmen yòngle sān tiān cái dào nàlì.
(2)　由于 大 雾，我们 用了 三 天 才 到 那里。

　　　Yóuyú cūxīn,　　　wǒ méi néng tōngguò zhè cì kǎoshì.
(3)　由于 粗心(careless)，我 没 能 通过 这 次 考试。

　　　　　　　　　　　　wèi
5.　**The preposition(介词): "为"**

It means "for sb". (表示为了某人做某事)

　　　　　Zuótiān tóngshì wèi tā jǔxíngle sòngbié wǎnhuì.
e.g.　(1)　昨天 同事 为 他 举行了 送别 晚会。

　　　　　Tā zhèngzài wèi kèren zhǔnbèi wǎncān.
　　　(2)　他 正在 为 客人 准备 晚餐。

　　　　　Māma wèi háizi kěyǐ zuò rènhé shì.
　　　(3)　妈妈 为 孩子 可以 做 任何(any)事。

Chinese idiom

Huò bù dānxíng.
祸 不 单行。

This idiom means: misfortunes never come singly. (这句俗语表示不幸的事接连发生)

Exercises (练习)

1.　**Word extension** (词语扩展)

zhuàngshāng
撞伤

zhuàng
撞_____

zhuàng
撞_____

zhuàng
撞_____

2.　**Choose the right words to fill in the blanks** (选择正确词语填空)

biéren　　　liánxì　　　guòqī　　　yóuyú　　　tuīchí　　　xiǎoxīn
别人　　　联系　　　过期　　　由于　　　推迟　　　小心

　　　　　Tāmen de hūnlǐ bèi liánxù　　le sān cì.
(1)　他们 的 婚礼 被 连续_____了 三 次。

　　　　　Wǒmen yídìng yào bǎochí jīngcháng de
(2)　我们 一定 要 保持 经常 的_____。

           Bùguǎn zěnmeyàng,   diǎn zǒngshì duì de.

(3) 不管 怎么样，_____点 总是 对 的。

           tiānqì bù hǎo, bǐsài bèi qǔxiāo   le.

(4) _____天气 不 好，比赛 被 取消(to cancel)了。

        Zhè bāo shípǐn   yǐjīng   le, bù néng shíyòng.

(5) 这 包 食品(food)已经_____了，不 能 食用。

        Rúguǒ nǐ bù zūnzhòng   yě bú huì zūnzhòng nǐ.

(6) 如果 你 不 尊重_____，_____也 不 会 尊重 你。

3. Choose the correct preposition (选择正确的介词填空)

        gēn (hé)   duì   wèi   gěi

        跟（和）   对   为   给

        Wǒ   Zhōngguó wénhuà hěn gǎn xìngqù.

(1) 我_____中国 文化 很 感 兴趣。

        Xiàmiàn zhè shǒu gē shì wǒ   nǐ xiě de.

(2) 下面 这 首 歌 是 我_____你 写 的。

        Dàjiā   bīnguǎn de fúwù fēicháng mǎnyì.

(3) 大家_____宾馆 的 服务 非常 满意(satisfied)。

        Bàba māma   nǐ gǎndào jiāo'ào.

(4) 爸爸 妈妈_____你 感到 骄傲(proud)。

        Nǐ shōudào wǒ   nǐ fā de   le ma?

(5) 你 收到 我_____你 发 的 e-mail 了 吗？

        Dào jīchǎng yǐhòu, wǒ yīnggāi   shuí liánxì ne?

(6) 到 机场 以后，我 应该_____谁 联系 呢？

                zěnme   zhème

4. Describe the pictures with "怎么 这么" (用"怎么这么"描述下列图片)

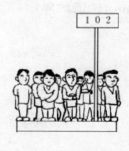

5. Translate the following sentences using "被" (用"被"字句翻译下列句子)

(1) The car was driven away by my friend.

(2) He was sent to the hospital last night.

zhuā
(3) The thief was caught by a policeman. (to catch:抓)

(4) This novel was translated into English.

xuǎn   bānzhǎng
(5) He was elected as a monitor. (to elect:选; monitor:班长)

(6) My leg was injured by a bicycle.

línshī
(7) I was drenched by heavy rain. (to drench:淋湿)

(8) She was fired by her company.

6. Answer the questions according to the text (根据课文内容回答问题)

Mǎkè chūle shénme shì?
(1) 马克 出了 什么 事？

Yǒu méiyǒu rén bèi zhuàngshāng?
(2) 有 没有 人 被 撞伤？

Mǎkè dédào bǎoxiǎn gōngsī de lǐpéi le ma? Wèi shénme?
(3) 马克 得到 保险 公司 的 理赔了 吗？为 什么？

Mǎkè wèi shénme méiyǒu xù bǎo?
(4) 马克 为 什么 没有 续 保？

Mǎkè wèi shénme tuīchíle huí guó de shíjiān?
(5) 马克 为 什么 推迟了 回 国 的 时间？

7. Listening comprehension (听力理解)

vocabulary (生词)

| 水龙头 | shuǐlóngtóu | n. | water tap |
| 被子 | bèizi | n. | quilt |

Retell the story with your own words. (用你自己的话复述这个故事)

Discuss: If you were "me", what would you do? (讨论：如果你是"我"，你会怎么办？)

8. Group task (小组活动)

(1)
Nǐ zài yì jiā hěn hǎo de fàndiàn qǐng yí wèi hěn zhòngyào de kèrén chī fàn, jié zhàng
你 在 一 家 很 好 的 饭店 请 一 位 很 重要 的 客人 吃 饭,结 账
de shíhou, nǐ fāxiàn wàngle dài qiánbāo, nǐ zěnmebàn?
的 时候,你 发现 忘了 带 钱包,你 怎么办?

(You invite an important guest to dinner. But when you want to buy the bill, you find you forget to bring your wallet. What will you do?)

(2)
Nǐ yào zuò fēijī qù Běijīng, kěshì dào jīchǎng de shíhou, fēijī yǐjīng qǐfēi le, nǐ
你 要 坐 飞机 去 北京,可是 到 机场 的 时候,飞机 已经 起飞 了,你
zěnmebàn?
怎么办?

(You want to go to Beijing by plane. But when you arrive at the airport, the airplane has already taken off. What will you do?)

(3)
Nǐ de xìnyòngkǎ zhǎo bú dào le, hé nǐ de tóngbàn mónǐ dǎ diànhuà dào yínháng.
你 的 信用卡 找 不 到 了,和 你 的 同伴 模拟 打 电话 到 银行。

(You cannot find your credit card. Simulate calling to the bank with your partner)

(4)
Nǐ de zìxíngchē bèi tōu le, hé nǐ de tóngbàn mónǐ dǎ diànhuà bào jǐng.
你 的 自行车 被 偷 了,和 你 的 同伴 模拟 打 电话 报 警。

(Your bicycle was stolen. Simulate calling the police with your partner)

9. Writing (写写看)

Jièshào yí jiàn nǐ yìnxiàng zuì shēn de máfan shì.
介绍 一 件 你 印象 最 深 的 麻烦 事。

(Introduce the most impressive troublesome matter your classmates)

10. Joke (笑话)

Xiānsheng hé tàitai zài sàn bù, kànjiàn yí ge huàjiā zài huàhuà, tàitai
先生 和 太太 在 散 步(to go for a walk),看见 一 个 画家 在 画画,太太
shuō:"nǐ kàn, qīn'ài de, bù mǎi yí ge zhàoxiàngjī, yǒu duō máfan a!"
说:"你 看,亲爱 的,不 买 一 个 照相机,有 多 麻烦 啊!"

Unit 29

Christmas and Spring Festival

Shèngdàn Jié hé Chūn Jié
圣诞 节和春 节

1. Wǒ de háizi zuì xǐhuan fàng biānpào le.	我的孩子最喜欢放鞭炮了。
2. Wǒmen zài nàli zhù yí ge xīngqī.	我们在那里住一个星期。
3. Chūn Jié shì zuì dà zuì rènao de.	春节是最大最热闹的。
4. Jiājiā dōu yào bǎ fángjiān dǎsǎo gānjìng.	家家都要把房间打扫干净。
5. Xīnnián de qián yì tiān wǎnshang jiào "dàniányè".	新年的前一天晚上叫"大年夜"。

kèwén (Text)

(I)

Mǎkè: Xià ge xīngqī jiù shì Shèngdàn Jié le, nǐ dǎsuan zěnme guò?

Bèixī: Wǒ hé xiānsheng èrshísān hào qù Niǔyuē gēn wǒ de jiārén yìqǐ guò Shèngdàn Jié.

Mǎkè: Hái qù bié de dìfang ma?

Bèixī: Sānshí hào wǒmen qù Dōngjīng kàn wǒ xiānsheng de fùmǔ.

Mǎkè: Nǐmen yào zài Rìběn guò Yuándàn le.

Bèixī: Duì, wǒmen zài nàli zhù yí ge xīngqī, ránhòu huí Shànghǎi.

Mǎkè: Huí Shànghǎi yǐhòu, nǐ yòu kěyǐ guò Zhōngguó de xīnnián le.

Bèixī: Shì a, wǒ kěyǐ guò sān ge dà jiérì.

Mǎkè: Tài hǎo le, wǒ yě shì èryuè huí Shànghǎi, wǒmen yìqǐ chī niányèfàn, zěnmeyàng?

Bèixī: Hǎo a. Wǒ huì bāo jiǎozi.

Mǎkè: Wǒ de háizi zuì xǐhuan fàng biānpào le.

Bèixī: Wǒ de háizi yě xǐhuan, kěshì tā gèng xǐhuan ná hóngbāo.

(II)

Zhōngguó yǒu hěn duō chuántǒng de jiérì. Zài zhèxiē jiérì li, Chūn Jié shì zuì dà zuì rènao de. Chūn Jié zài měi nián de yīnlì zhēngyuè chūyī, tā shì yīnlì jiùnián de jiéshù、xīnnián de kāishǐ.

Xīnnián qián, jiājiā dōu yào bǎ fángzi dǎsǎo gānjìng.¹ Xīnnián de qián yì tiān wǎnshang jiào "dàniányè", yě jiào "chúxī".² Quánjiārén yīnggāi zài yìqǐ chī niányèfàn, ránhòu kàn diànshì、 fàng biānpào、 tīng zhōngshēng, gāoxìng de děngdàizhe xīnnián de dàolái. Píngshí, dàjiā gōngzuò dōu hěn máng, méiyǒu shíjiān zǒuqīn fǎngyǒu, Chūn Jié fàng jià de shíjiān tèbié cháng, qīnpéng hǎoyǒu zhènghǎo kěyǐ zài yìqǐ jùju. Búguò, qù bài nián de shíhou, zuìhǎo dài yìdiǎn lǐwù, tèbié shì bié wàngle gěi háizimen yāsuìqián.

Měi nián Chūn Jié, dàjiā yào huā hěn duō shíjiān hé jīnglì qù mǎi dōngxi、 zuò hǎochī de、 dǎsǎo fángjiān、 zǒuqīn fǎngyǒu、 zhāodài qīnyǒu, xiūxi de shíjiān fǎn'ér bǐjiào shǎo. Suǒyǐ, guò nián yǐhòu, rénmen jiàn miàn chángcháng shuō "hěn lèi", kěshì dì-èr nián Chūn Jié háishì zhème guò.

Zài nǐmen guójiā, zuì dà zuì rènao de jiérì shì shénme? Hái yǒu shénme biéde jiérì? Yǒu shénme xísú? Nǐ zuì xǐhuan de jiérì shì shénme?

课　文

（一）

马　克：下个星期就是圣诞节了，你打算怎么过？

贝　西：我和先生二十三号去纽约跟我的家人一起过圣诞节。

马　克：还去别的地方吗？

贝　西：三十号我们去东京看我先生的父母。

马　克：你们要在日本过元旦了。

贝　西：对，我们在那里住一个星期，然后回上海。

马　克：回上海以后，你又可以过中国的新年了。

贝　西：是啊，我可以过三个大节日。

马　克：太好了，我也是二月回上海，我们一起吃年夜饭，怎么样？

贝　西：好啊。我会包饺子。

马　克：我的孩子最喜欢放鞭炮了。

贝　西：我的孩子也喜欢，可是他更喜欢拿红包。

（二）

中国有很多传统的节日。在这些节日里，春节是最大最热闹的。春节在每年的阴历正月初一，它是阴历旧年的结束、新年的开始。

新年前，家家都要把房子打扫干净。[1] 新年的前一天晚上叫"大年夜"，也叫"除夕"。[2] 全家人应该在一起吃年夜饭，然后看电视、放鞭炮、听钟声，高兴地等待着新年的到来。平时，大家工作都很忙，没有时间走亲访友，春节放假的时间特别长，亲朋好友正好可以在一起聚聚。不过，去拜年的时候，最好带一点礼物，特别是别忘了给孩子们压岁钱。

每年春节，大家要花很多时间和精力去买东西、做好吃的、打扫房间、走亲访友、招待亲友，休息的时间反而比较少。所以，过年以后，人们见面常常说"很累"，可是第二年春节还是这么过。

在你们国家，最大最热闹的节日是什么？还有什么别的节日？有什么习俗？你最喜欢的节日是什么？

Vocabulary (生词语)

1. 纽约	Niǔyuē	*PN*	New York
2. 东京	Dōngjīng	*PN*	Tokyo
3. 元旦	Yuándàn	*PN*	January 1
4. 饺子	jiǎozi	*n.*	dumpling
5. 放	fàng	*v.*	to set off (firecracker)
6. 鞭炮	biānpào	*n.*	firecracker
7. 阴历	yīnlì	*n.*	lunar calendar
8. 正月	zhēngyuè	*n.*	the first month in lunar calendar
9. 初一	chūyī	*n.*	the first day of a month in lunar calendar
10. 结束	jiéshù	*v.*	to finish
11. 把	bǎ	*prep.*	used when the object is the receiver of the action of the ensuing verb ***Usage:*** see Language Points
12. 打扫	dǎsǎo	*v.*	to clean
13. 除夕	chúxī	*n.*	Chinese New Year's Eve
14. 钟	zhōng	*n.*	a bell, a clock
15. 等待	děngdài	*v.*	to wait for (formal)
16. 到来	dàolái	*n.*	arrival
17. 正好	zhènghǎo	*adv.*	just in time, just right
18. 聚	jù	*v.*	to gather
19. 拜年	bài nián	*VO*	pay a New Year visit
20. 压岁钱	yāsuìqián	*n.*	money given to children as a lunar New Year gift
21. 精力	jīnglì	*n.*	energy

22. 招待   zhāodài   *v.*   to host
23. 习俗   xísú   *n.*   custom

Useful Words & Expressions (补充词汇与短语)

1. 元宵节   Yuánxiāo Jié   *PN*   the Lantern Festival (15th of the 1st lunar month)

2. 汤圆   tāngyuán   *n.*   stuffed dumplings made of glutinous rice flour served in soup

3. 端午节   Duānwǔ Jié   *PN*   the Dragon Boat Festival (5th of the 5th lunar month)

4. 粽子   zòngzi   *n.*   a pyramid-shaped dumpling made of glutinous rice wrapped in bamboo or reed leaves

5. 中秋节   Zhōngqiū Jié   *PN*   the Mid-autumn Festival (15th of the 8th lunar month)

6. 月饼   yuèbǐng   *n.*   moon cake

7. 劳动节   Láodòng Jié   *PN*   International Labour Day (May 1)

8. 儿童节   Értóng Jié   *PN*   Children's Day (June 1)

Language Points (语言点)

bǎ

1. **The "把" sentence ("把"字句)**

   (1) Compare the following two sentences, can you find the difference? (比较下面两个句子,你能找出它们的区别吗？)

   Wǒ zuòwán le zuòyè.
   e.g. ① 我 做完 了 作业。

   Wǒ bǎ zuòyè zuòwán le.
   ② 我 把 作业 做完 了。

   Write your finding here: (把你的发现写在这里)

   _____

   _____

   _____

The above two sentences are basically the same in meaning, but the first one is a simple statement while the second one (the "把" sentence) emphasizes "disposal" (what is done to the object or what is the result).

The "把" sentence pattern is: | S + "把" + O + V + other element | . The subject is the agent of the action, and the object is the recipient of the action. (上面的两个句子在意义上基本相同,但第一句是一般的陈述句,而第二句是"把"字句。"把"字句强调处置的结果,句型为: | 主语 + "把" + 宾语 + 动词 + 其他成分 | ,主语是动作的施行者,宾语是动词的接受者)

> Jiājiā dōu yào bǎ fángzi dǎsǎo gānjìng.

e.g. ③ 家家 都 要 把 房子 打扫 干净。

(2) When you use the "把" sentence, you should pay attention to the following: (在使用"把"字句时要注意以下几点)

A. The subject and the object are generally specific and concrete; (主语和宾语一般是特指的、具体的)

B. The main verb must be transitive and imply disposal, so verbs like "有", "是", "来", etc. cannot be used as the main verb of the "把" sentence; (主要动词必须是及物动词,且带有处置义,"有"、"是"、"来"等动词不能用作"把"字句的主要动词)

C. The main verb is generally followed by other element, such as "了", an object, the repeated form of the verb, or a complement (not complement of potential) to indicate how something or somebody is dealt with or the result of this. (主要动词的后面必须有其他成分,如"了"、宾语、动词的重叠形式或者补语〔不能是可能补语〕,来表示某物或者某人如何被处置或者处置的结果)

> Wǒ bǎ kāfēi hē le.

e.g. ④ 我 把 咖啡 喝 了。

> Nǐ bǎ hùzhào gěi tā le ma?

⑤ 你 把 护照 给 他 了 吗?

> Qǐng bǎ nàli de qíngkuàng jièshào jièshào.

⑥ 请 把 那里 的 情况 介绍 介绍。

> Wǒ bǎ yào xǐ de yīfu sòngdào xǐyīdiàn qù le.

⑦ 我 把 要 洗 的 衣服 送到 洗衣店(laundry)去 了。

(3) The negative word "没" or modal verb is placed before "把". (否定词"没"或者情态动词要放在"把"的前面)

> Wǒ méi bǎ kāfēi hēwán.

e.g. ⑧ 我 没 把 咖啡 喝完。

> Nǐ néng bǎ kāfēi hēwán ma?

⑨ 你 能 把 咖啡 喝完 吗?

(4) The "把" pattern and the "被" pattern sometimes can be exchanged. ("把"字句和
"被"字句有时可互换)

bǎ   bèi

e.g. ⑩   我 把 咖啡 喝 了。——咖啡 被 我 喝 了。
Wǒ bǎ kāfēi hē le   Kāfēi bèi wǒ hē le.

(5) Generally "把" sentence should be used when the main verb is followed by: (以下几
种情况一般必须使用"把"字句)

A. the complement of result "在" and an object indicating location (e.g. 11); (有结果补
语"在",且宾语表示处所〔例 11〕)

B. the complement of result "到" and an object indicating location (e.g. 7); (有结果补语
"到",且宾语表示处所〔例 7〕)

C. the complement of result "给" and an object indicating the recipient of the action (e.g.
12); (有结果补语"给",且宾语表示动作的接受者〔例 12〕)

D. the complement of result "成" and an object indicating what the person or thing
has become as a result of the action (e.g. 13); (有结果补语"成",且宾语表示处置的
结果〔例 13〕)

E. a compound complement of direction and an object indicating location (e.g. 14). (有复
合趋向补语,且宾语表示处所〔例 14〕)

e.g. ⑪   你 可以 把 大衣 挂在 这里。
Nǐ kěyǐ bǎ dàyī guàzài zhèlǐ.

⑫   他 把 钱 还给 你 了 吗?
Tā bǎ qián huángěi nǐ le ma?

⑬   请 把 这 本 小说 翻译 成 英文。
Qǐng bǎ zhè běn xiǎoshuō fānyì chéng yīngwén.

⑭   别 忘了 把 照相机 带 下来。
Bié wàngle bǎ zhàoxiàngjī dài xiàlái.

2.   ……叫"……"

When you want to define a word, you can use the verb "叫". (给一个词定义的时候,可
以用动词"叫")

The pattern is: | definition + 叫 + the defined word | .

(句型为: | 定义内容+"叫"+被定义的词 |)

e.g. (1) 新年 的 前一天 晚上 叫"大年夜",也 叫"除夕"。
Xīnnián de qián yì tiān wǎnshang jiào "dàniányè", yě jiào "chúxī".

(2) 爸爸 的 爸爸 叫 爷爷。
Bàba de bàba jiào yéye.

Chinese idiom (汉语俗语)

Rùxiāng suísú

入乡 随俗。

It means: while in Rome, do as the Romans do. (这句俗语的意思是：到一个地方就要按照当地的风俗习惯生活)

Exercises (练习)

1. Fill in the blanks with the proper objects (填写合适的宾语)

(1) guò
    过＿＿＿＿＿＿

(2) bāo
    包＿＿＿＿＿

(3) fàng
    放＿＿＿＿＿＿

(4) ná
    拿＿＿＿＿＿＿

(5) dǎsǎo
    打扫＿＿＿＿＿

(6) zǒu   fǎng
    走＿＿＿＿访＿＿＿＿＿

(7) zhāodài
    招待＿＿＿＿＿

(8) huā
    花＿＿＿＿＿＿

2. Choose the right words to fill in the blanks (选择正确词语填空)

chuántǒng   jiéshù   dàolái   jīnglì   zhāodài   huā
传统   结束   到来   精力   招待   花

(1) Míngtiān kǎoshì, jīntiān wǒ yào hǎohāo xiūxi, bǎochí
    明天 考试, 今天 我 要 好好 休息, 保持＿＿＿＿＿。

(2) Xuéqī   hòu, wǒ yào qù Xīnjiāng lǚyóu.
    学期＿＿＿＿后, 我 要 去 新疆 旅游。

(3) ＿＿＿＿钱 如 流水, 这 是 她 一贯(consistent) 的 作风 (style)。
    qián rú liúshuǐ, zhè shì tā yíguàn   de zuòfēng.

(4) Shāngdiàn li guàmǎnle Zhōngguó de   fúshì.
    商店 里 挂满了 中国 的＿＿＿＿服饰。

(5) Zhè jǐ wèi dōushì fēicháng zhòngyào de kèrén, yídìng yào hǎohāo
    这 几 位 都是 非常   重要   的 客人,一定 要 好好＿＿＿＿＿。

(6) Kèrénmen de tūrán   shǐ tāmen cuòshǒubùjí.
    客人们 的 突然＿＿＿＿使 他们 措手不及(unprepared)。

3. Change the following sentences into "被" pattern (把下列句子改成"被"字句)

bèi

(1) Māma mà   le wǒ.
    妈妈 骂(scold)了 我。

Āyí màile wǒ shōucáng   de jiùshū.
(2) 阿姨 卖了我 收藏(to collect)的 旧书。

Xiǎo Wáng bǎ chē kāizǒule ma?
(3) 小 王 把 车 开走了吗?

Háizimen bǎ bīngjīlíng   dōu chīwán le.
(4) 孩子们 把 冰激凌(icecream)都 吃完 了。

Wǒ bù xiǎoxīn bǎ huāpíng shuāisuì le.
(5) 我 不 小心 把 花瓶 摔碎 了。

Zài zuótiān wǎnshang de bǐsài zhōng, Zhōngguóduì bǎ Rìběnduì dǎbài   le.
(6) 在 昨天 晚上 的 比赛 中, 中国队 把 日本队 打败(to defeat)了。

bǎ
4. Change the following sentences into "把" pattern (把下列句子改成"把"字句)

Qǐng gěi wǒ kànkan nà jiàn yīfu.
(1) 请 给 我 看看 那 件 衣服。

Xiǎo Wáng názǒule jīntiān de bàozhǐ.
(2) 小 王 拿走了 今天 的 报纸。

Zhāng dàifu jiùhuóle nàge bìngrén.
(3) 张 大夫 救活了 那个 病人。

Jīntiān de zuòyè wǒ yǐjīng zuòwán le.
(4) 今天 的 作业 我 已经 做完 了。

Zuótiān wǒ de qiánbāo bèi wǒ wàng zài chūzūchē shàng le.
(5) 昨天 我 的 钱包 被 我 忘 在 出租车 上 了。

Zài shìgù zhōng shòushāng de rén bèi jǐngchá sòngdàole yīyuàn.
(6) 在 事故 中 受伤 的 人 被 警察 送到了 医院。

5. Answer the questions according to the text (根据课文内容回答问题)

Bèixī dǎsuan zěnme guò Shèngdàn Jié?
(1) 贝西 打算 怎么 过 圣诞 节?

Mǎkè hé Bèixī de háizi xǐhuan zài Zhōngguó de xīnnián zuò shénme?
(2) 马克 和 贝西 的 孩子 喜欢 在 中国 的 新年 做 什么?

Bèixī kěyǐ guò nǎ sān ge jiérì?
(3) 贝西 可以 过 哪 三 个 节日?

Zhōngguó zuì dà zuì rènao de chuántǒng jiérì shì shénme?
(4) 中国 最大最热闹 的 传统 节日是 什么?

Chūn Jié zài shénme shíhou?
(5) 春 节 在 什么 时候?

Chūn jié yǒu nǎxiē xísú?
(6) 春 节 有 哪些 习俗?

6. Listening comprehension (听力理解)

> *Vocabulary* (生词)
>
> | 澳大利亚 | Àodàlìyà | PN | Australia |
> |---|---|---|---|
> | 军人 | jūnrén | n. | soldier |
> | 战争 | zhànzhēng | n. | war |
> | 勇敢 | yǒnggǎn | adj. | brave |
> | 纪念 | jìniàn | v. | to memorize |
> | 仪式 | yíshì | n. | ceremony |
> | 游行 | yóuxíng | n. & v. | parade |
> | 悉尼 | Xīní | PN | Sydney |
> | 墨尔本 | Mò'ěrběn | PN | Melbourne |
> | 赛马会 | sàimǎhuì | n. | horse racing |
> | 教堂 | jiàotáng | n. | church |
> | 海滩 | hǎitān | n. | beach |

> *Answer the following questions* (回答下列问题)
>
> Zài Àodàlìyà, sìyuè èrshíwǔ hào shì shénme jiàrì? Dàjiā zěnme qìngzhù?
> (1) 在 澳大利亚, 四月 二十五 号 是 什么 假日？ 大家 怎么 庆祝？
>
> Mò'ěrběn de sàimǎhuì zài shénme shíhou? Dàjiā zěnme qìngzhù?
> (2) 墨尔本 的 赛马会 在 什么 时候？ 大家 怎么 庆祝？
>
> Shèngdàn Jié yìbān "wǒ" zěnme guò?
> (3) 圣诞 节 一般 "我" 怎么 过？
>
> Dàjiā xǐhuan "wǒ" mǎi de Shèngdàn Jié lǐwù ma? Wèi shénme?
> (4) 大家 喜欢 "我" 买 的 圣诞 节 礼物 吗？ 为 什么？
>
> Àodàlìyà de Shèngdàn Jié yǒu shénme tèbié de dìfang?
> (5) 澳大利亚 的 圣诞 节 有 什么 特别 的 地方？

7. Group task (小组活动)

Jièshào yí ge Zhōngguó de jiérì jí fēngsú.
(1) 介绍 一 个 中国 的 节日 及 风俗。

(Introduce one Chinese festival and its customs)

Mónǐ zài chūzūchē li yòng "bǎ" zì jù xiàng sījī tíchū yāoqiú.
(2) 模拟 在 出租车 里 用 "把"字 句 向 司机 提出 要求。

bǎ
(Simulate making requests to the taxi driver using the "把"sentence)

8. Writing (写写看)

Jièshào yí ge nǐmen guójiā de chuántǒng jiérì jí fēngsú, jǐnliàng yòng "bǎ" zì jù.
介绍 一 个 你们 国家 的 传统 节日及 风俗, 尽量 用 "把"字 句。

bǎ

(Introduce one festival and its customs in your country, and try to use the "把" sentence as much as possible)

9. Learn to sing (学唱中文歌)

《Xīnnián gē》
《新年 歌》

Xīnnián hǎo ya,
新年 好呀,

xīnnián hǎo ya,
新年 好呀,

zhùhè dàjiā xīnnián hǎo.
祝贺 大家 新年 好。

Wǒmen chàng gē,
我们 唱 歌,

wǒmen tiào wǔ,
我们 跳 舞,

zhùhè dàjiā xīnnián hǎo.
祝贺 大家 新年 好。

10. Joke (笑话)

Qǐng měi wèi tóngxué yòng Zhōngwén shuō yí ge xiàohua.
请 每 位 同学 用 中文 说 一 个 笑话。

(Tell us a joke in Chinese)

Unit 30

Open Sesame

zhīma kāi mén
芝麻开门

---

1. Duōkuīle nǐ de bāngzhù.
2. Duì wǒ lái shuō, dōu tǐng nán de.
3. Hànyǔ li yǒu yí jù súyǔ, jiào shénme láizhe?
4. Wǒ gēnběn kàn bu chūlái tāmen de qūbié.
5. Zhǐyǒu jiānchí xiàqù, cái néng xuéhǎo.

多亏了你的帮助。
对我来说，都挺难的。
汉语里有一句俗语，叫什么来着？
我根本看不出来它们的区别。
只有坚持下去，才能学好。

---

kèwén (Text)

(I)

Lǐ Dàmíng: Mǎkè, xià ge xīngqī, nǐ jiù yào huí guó le, jīntiān yīnggāi shì wǒmen zuìhòu yí cì fǔdǎo le ba.

Mǎkè: Shì a, zhè yì nián, duōkuīle nǐ de bāngzhù, wǒ de Hànyǔ cái huì yǒu zhème dà de jìnbù.[1]

Lǐ Dàmíng: Bú yòng kèqi, zhǔyào shì kào nǐ zìjǐ de nǔlì. Nǐ yìbiān gōngzuò yìbiān xuéxí, néng jiānchí xiàlái zhēnde hěn bù róngyì.[2] Xuéle yì nián Hànyǔ le, nǐ juéde Hànyǔ li nǎ yí ge bùfen duì nǐ zuì nán?

Mǎkè: Duì wǒ lái shuō, dōu tǐng nán de. Bǐrú shuō, yào bǎ Hànyǔ pīnyīn dú chūlái bú suàn nán. Dànshì xiǎng yào dú de zìrán、 biāozhǔn jiù nán le. Zài bǐrú shuō, Hànyǔ de yǔfǎ lǐjiě róngyì yòng hǎo nán. Háiyǒu hànzì, kāishǐ de shíhou, wǒ gēnběn kàn bu chūlái tāmen de qūbié. Búguò, Hànyǔ suīrán nán, dànshì yuè xué yuè yǒuyìsi.

Lǐ Dàmíng: Nàme, huí guó yǐhòu, nǐ dǎsuan jìxù xuéxí Hànyǔ ma?

Mǎkè: Yǒu shíjiān de huà,

137

yídìng jìxù xuéxí. Hànyǔ li yǒu yí jù súyǔ, jiào shénme láizhe?³
Duì le, xiǎng qǐlái le, "huó dào lǎo, xué dào lǎo".

Lǐ Dàmíng: Méi cuò. Xué wàiyǔ, zhǐyǒu jiānchí xiàqù, duō tīng、duō shuō、
duō xiě、duō liàn, cái néng xuéhǎo.⁴

(Ⅱ)

Mǎkè xià ge xīngqī jiù yào huí guó le. Jīntiān Lǐ Dàmíng gěi Mǎkè
shàngle zuìhòu yí cì Hànyǔ fǔdǎokè. Mǎkè fēicháng gǎnxiè Lǐ Dàmíng duì
tā de bāngzhù, hái shuōle hěn duō tā xuéxí Hànyǔ de gǎnxiǎng. Lǐ
Dàmíng xīwàng Mǎkè huí guó hòu néng jìxù xuéxí Hànyǔ. Tā hái gàosu
Mǎkè xuéxí Hànyǔ méiyǒu mìjué, zhǐyǒu kào duō tīng、duō shuō、duō xiě、
duō liàn.

Nǐ yě xuéxí le yì nián de Hànyǔ le ba, nǐ yǒu shénme gǎnxiǎng ne?
Nǐ juéde Hànyǔ li nǎ yí ge bùfen zuì nán ne? Nǐ xuéxí Hànyǔ de shíhou
yǒu shénme mìjué ma? Shuō chūlái, hé dàjiā yìqǐ fēnxiǎng yíxià ba.

课　文

(一)

李大明：马克，下个星期，你就要回国了，今天应该是我们最后一次辅导了吧。

马　克：是啊，这一年，多亏了你的帮助，我的汉语才会有这么大的进步。¹

李大明：不用客气，主要是靠你自己的努力。你一边工作一边学习，能坚持下来真的
很不容易。² 学了一年汉语了，你觉得汉语里哪一个部分对你最难？

马　克：对我来说，都挺难的。比如说，要把汉语拼音读出来不算难，但是想要读得
自然、标准就难了。再比如说，汉语的语法理解容易用好难。还有汉字，开
始的时候，我根本看不出来它们的区别。不过，汉语虽然难，但是越学越有
意思。

李大明：那么，回国以后，你打算继续学习汉语吗？

马　克：有时间的话，一定继续学习。汉语里有一句俗语，叫什么来着？³ 对了，想起
来了，"活到老，学到老"。

李大明：没错。学外语，只有坚持下去，多听、多说、多写、多练，才能学好。⁴

(二)

马克下个星期就要回国了。今天李大明给马克上了最后一次汉语辅导课。马克
非常感谢李大明对他的帮助，还说了很多他学习汉语的感想。李大明希望马克回国
后能继续学习汉语。他还告诉马克学习汉语没有秘诀，只有靠多听、多说、多写、多
练。

你也学习了一年的汉语了吧，你有什么感想呢？你觉得汉语里哪一个部分最难
呢？你学习汉语的时候有什么秘诀吗？说出来，和大家一起分享一下吧。

Vocabulary (生词语)

1.	芝麻	zhīma	*n.*	sesame
2.	多亏	duōkuī	*v.*	owing to

> ***Usage:*** see Language Points

3.	进步	jìnbù	*n. & v.*	progress; to progress
4.	靠	kào	*v.*	to depend on
5.	坚持	jiānchí	*v.*	to persist in
6.	部分	bùfen	*n.*	part
7.	比如说	bǐrú shuō		for example
8.	拼音	pīnyīn	*n.*	Chinese phonetic system
9.	读	dú	*v.*	to read, to read aloud
10.	算	suàn	*v.*	to consider to be
11.	自然	zìrán	*n. & adj.*	nature; natural
12.	标准	biāozhǔn	*n. & adj.*	standard
13.	再比如说	zài bǐrú shuō		for another example
14.	理解	lǐjiě	*v.*	to comprehend
15.	根本	gēnběn	*adv.*	at all

> ***Usage:*** always emphasize the negative form
>
> gēnběn bù zhīdào
> *e.g.* 根本 不 知道 do not know at all
> gēnběn méi tīngdǒng
> 根本 没 听懂 did not understand at all

16.	区别	qūbié	*n.*	difference
17.	继续	jìxù	*v.*	to continue
18.	练	liàn	*v.*	to practice
19.	感想	gǎnxiǎng	*n.*	impressions; reflections; thoughts
20.	秘诀	mìjué	*n.*	recipe; secret
21.	分享	fēnxiǎng	*v.*	to share

Language Points (语言点)

duōkuī
1. 多亏

Generally it is used at the beginning of a sentence and indicates getting benefit or avoiding misfortune by someone's help or other reason. ("多亏"一般用在句首，表示因为某人的帮助或其他原因得到了好处或者避免不幸)

Duōkuīle nǐ de bāngzhù, wǒ de Hànyǔ cái huì yǒu zhème dà de jìnbù.
e.g. (1) 多亏了 你 的 帮助，我 的 汉语 才 会 有 这么 大 的进步。

Duōkuī nǐ de tíxǐng, bùrán wǒ kěndìng huì wàngle zhè jiàn shì.
(2) 多亏 你 的 提醒，不然 我 肯定 会 忘了 这 件 事。

2. The extended use of complements of direction (趋向补语的特殊用法)

Some complements of direction have extended meanings to indicate the result of an act. (有一些趋向补语的用法比较特殊)

xiàlái
(1) V + 下来: A. an act continues from the past to the present (e.g. 1); B. something is recorded (e.g. 2). (A. 某动作从过去持续到现在〔例 1〕; B. 记录某些东西〔例 2〕)

Néng jiānchí xiàlái zhēnde hěn bù róngyì.
e.g. ① 能 坚持 下来 真的 很 不 容易。

Tài měi le, kuài diǎn bǎ zhèli de fēngjǐng zhào xiàlái.
② 太 美 了，快 点 把 这里 的 风景 照 下来。

xiàqù
(2) V + 下去: something that is being done will continue. (正在进行的某事将继续)

Zhǐyǒu jiānchí xià qù, duō tīng、duō shuō、duō liàn cái néng xuéhǎo.
e.g. ③ 只有 坚持 下 去，多 听、多 说、多 练 才 能 学好。

Míngnián, nǐ hái xiǎng jìxù zài zhèli xué xiàqù ma?
④ 明年，你 还 想 继续 在 这里 学 下去 吗？

qǐlái
(3) V + 起来: the beginning and continuation of an action. (动作的开始及持续)

Gāng zǒuchū xuéxiào, tiān jiù xiàqǐ yǔ lái.
e.g. ⑤ 刚 走出 学校，天 就 下起 雨 来。

Kànzhe bàba māma xiěgěi tā de xìn, tā rěnbuzhù kūle qǐlái.
⑥ 看着 爸爸 妈妈 写给 她 的 信，她 忍不住 哭了 起来。

xiǎng qǐlái
✽ 想 起来: to recall something forgotten. (回想起已忘记的事物)

Duì le, xiǎng qǐlái le, "huódào lǎo, xuédào lǎo."
e.g. ⑦ 对 了，想 起来 了，"活到 老，学到 老"。

Wǒ zhēnde xiǎng bu qǐlái tā jiào shénme míngzi le.
⑧ 我 真的 想 不 起来 她 叫 什么 名字 了。

chūlái
(4) V + 出来: A. the emergence of something by an action (e.g. 1, 2); B. the revelation of something by recognition (e.g. 3, 4). (A. 新东西的产生〔例 1,2〕; B. 通过辨认识别某物〔例 3,4〕)

Yào bǎ Hànyǔ pīnyīn dú chūlái bú suàn nán.
e.g. ⑨ 要 把 汉语 拼音 读 出来 不 算 难。

Shuō chūlái, hé dàjiā yìqǐ fēnxiǎng yíxià ba.
⑩ 说 出来，和 大家 一起 分享 一下 吧。

Wǒ gēnběn kàn bu chūlái tāmen de qūbié.
⑪ 我 根本 看 不 出来 它们 的 区别。

Bùguǎn shì shénme chá, wǒ dōu néng hē chūlái.
⑫ 不管 是 什么 茶，我 都 能 喝 出来。

xiǎng chūlái
❉ 想 出来: to create something in the mind. (头脑中产生的新想法)

Zhège bànfǎ shì nǐ xiǎng chūlái de ma?
e.g. ⑬ 这个 办法 是 你 想 出来 的 吗？

Zěnmebàn ne? wǒ shízài shì xiǎng bu chū bànfǎ lái.
⑭ 怎么办 呢？我 实在 是 想 不 出 办法 来。

láizhe
3. ……来着

It is used at the end of a sentence or question, indicating: A. the recalling or questioning of some past situation (e.g. 1, 2); B. a past action or state (e.g. 3). (常用于句末，表示 A. 回忆过去的情况〔例 1, 2〕; B. 过去的动作或状态〔例 3〕)

Hànyǔ li yǒu yí jù súyǔ, jiào shénme láizhe?
e.g. (1) 汉语 里 有 一 句 俗语，叫 什么 来着？

Wǒ xiǎng shuō shénme láizhe?
(2) 我 想 说 什么 来着？

Wǒ zuótiān hái kànjiàn láizhe.
(3) 我 昨天 还 看见 来着。

zhǐyǒu cái
4. **Sentence pattern(句型): 只有……才……**

This pattern emphasizes the only condition that meets the request. (这个结构用来强调满足要求的唯一条件)

Xué wàiyǔ, zhǐyǒu jiānchí xiàqù, duō tīng、duō shuō、duō xiě、duō liàn, cái néng
e.g. (1) 学 外语，只有 坚持 下去，多 听、多 说、多 写、多 练，才 能
xuéhǎo.
学好。

Nǐ de bìng zhǐyǒu kāi dāo cái néng hǎo.
(2) 你 的 病 只有 开 刀 才 能 好。

Zhǐyǒu jiānchí duànliàn, cái néng shēntǐ jiànkāng.
(3) 只有 坚持 锻炼，才 能 身体 健康。

Chinese idiom (汉语俗语)

Huó dào lǎo, xué dào lǎo.
活 到 老，学 到 老。

This idiom means: one is never too old to learn.

Exercises (练习)

1. Word extension (词语扩展)

jiānchí xiàlái	xiàlái	xiàlái	xiàlái
坚持 下来	_____下来	_____下来	_____下来

xuéxí xiàqù	xiàqù	xiàqù	xiàqù
学习 下去	_____下去	_____下去	_____下去

xiǎng qǐlái	qǐlái	qǐlái	qǐlái
想 起来	_____起来	_____起来	_____起来

shuō chūlái	chūlái	chūlái	chūlái
说 出来	_____出来	_____出来	_____出来

2. Choose the right words to fill in the blanks (选择正确的词语填空)

jìnbù	kào	zìrán	gēnběn	mìjué	fēnxiǎng
进步	靠	自然	根本	秘诀	分享

(1) Zhè zhǒng jiǎ yào bù néng zhì bìng.
这 种 假 药_____不 能 治 病。

(2) Ràng péngyou nǐ de kuàilè néng shǐ kuàilè bèi zēng.
让 朋友_____你 的 快乐 能 使 快乐 倍 增。

(3) Tā de chénggōng wánquán shì tā jiārén de quánlì zhīchí.
他 的 成功 完全 是_____他 家人 的 全力 支持。

(4) Yóukè bèi zhèli de fēngguāng suǒ xīyǐn.
游客 被 这里 的_____风光 所 吸引。

(5) Qiānxū shǐ rén jiāo'ào shǐ rén luòhòu.
谦虚(modesty) 使 人_____,骄傲(conceit) 使 人 落后(lag behind)。

(6) Shēngyi chénggōng de zàiyú héxié de gōngsī wénhuà.
生意 成功 的_____在于 和谐 的(harmonious) 公司 文化。

3. Choose the correct complements to fill in the blanks (选择正确的补语填空)

xiàlái	xiàqù	qǐlái	chūlái
下来	下去	起来	出来

(1) Wǒ xiǎng bu bǎ zhàopiàn fàng zài shénme dìfang le.
我 想 不_____把 照片 放 在 什么 地方 了。

(2) Zhè shì shuí chàng de gē, nǐ tīng le ma?
这 是 谁 唱 的 歌,你 听_____了 吗?

(3) Wǒ yě xiǎng bu shénme hǎo bànfǎ.
我 也 想 不_____什么 好 办法。

(4) Wǒ xiǎng yìzhí zài zhèli zhù
我 想 一直 在 这里 住_____。

(5) Bú shì suǒyǒu de rén dōu néng jiānchí de.
不 是 所有 的 人 都 能 坚持_____的。

(6) Xiǎng kū de huà, jiù dà shēng de kū ba.
想 哭 的 话,就 大 声 地 哭_____吧。

4. Complete the sentences with the given words (按照要求完成下列句子)

(1) _____,我 才 找到 他。(多亏)
        wǒ cái zhǎodào tā. (duōkuī)

(2) _____,汉字 不太 难。(对……来 说)
        Hànzì bú tài nán. (duì   lái shuō)

(3) _____,我 没 听见。(来着)
        wǒ méi tīngjiàn. (láizhe)

(4) _____,才 能 得到 成功。(只有)
        cái néng dédào chénggōng. (zhǐyǒu)

5. Answer the questions according to the text (根据课文内容回答问题)

(1) 为 什么 马克 的 汉语 进步 很 大？
    Wèi shénme Mǎkè de Hànyǔ jìnbù hěn dà?

(2) 马克 觉得 汉语 怎么样？
    Mǎkè juéde Hànyǔ zěnmeyàng?

(3) 回 国 以后，马克 打算 继续 学习 汉语 吗？
    Huí guó yǐhòu, Mǎkè dǎsuan jìxù xuéxí Hànyǔ ma?

(4) 李 大明 觉得 学习 汉语 有 秘诀 吗？
    Lǐ Dàmíng juéde xuéxí Hànyǔ yǒu mìjué ma?

6. Listening comprehension (听力理解)

Vocabulary (生词)

网络	wǎngluò	*n.*	internet, network
显示器	xiǎnshìqì	*n.*	displayer
主人公	zhǔréngōng	*n.*	protagonist
光	guāng	*v.*	to be naked
冲	chōng	*v.*	to rush
冠军	guànjūn	*n.*	champion
丰厚	fēnghòu	*adj.*	rich and generous
乡下	xiāngxià	*n.*	countryside
赶路	gǎn lù	*VO*	hurry on with one's journey
树荫	shùyīn	*n.*	shade of a tree
打印机	dǎyìnjī	*n.*	printer

Answer the following questions (回答下列问题)

Wèi shénme "wǒ" zài wǎngluò bǐsài zhōng déle jiǎng què bú tài kāixīn?
(1) 为 什么 "我" 在 网络 比赛 中 得了 奖 却 不 太 开心？

Wèi shénme Ālǐ zài bǐsài zhōng déle dì-yī míng què bù kāixīn?
(2) 为 什么 阿里 在 比赛 中 得了 第一 名 却 不 开心？

Zhùzài xiāngxià de lǎorén zuì xiǎng yào de shì shénme?
(3) 住在 乡下 的 老人 最 想 要 的 是 什么？

Zài xiàrì li gǎn lù de rén zuì xiǎng yào de shì shénme?
(4) 在 夏日 里 赶 路 的 人 最 想 要 的 是 什么？

Zuòzhě rènwéi xìngfú de mìjué shì shénme?
(5) 作者 认为 幸福 的 秘诀 是 什么？

7. Group task (小组活动)

Shuōshuo nǐ juéde Hànyǔ li nǎ yí ge bùfen zuì nán.
(1) 说说 你 觉得 汉语 里 哪 一 个 部分 最 难。

(Talk about what is the most difficult part in Chinese)

Shuōshuo nǐ xuéxí Hànyǔ de mìjué.
(2) 说说 你 学习 汉语 的 秘诀。

(Talk about your secret to studying Chinese)

Shuōshuo nǐ yǐhòu de dǎsuan.
(3) 说说 你 以后 的 打算。

(Talk about your future plans)

8. Writing (写写看)

Tántan nǐ xuéxí Hànyǔ de gǎnxiǎng.
谈谈 你 学习 汉语 的 感想。

(Talk about your experience in studying Chinese)

9. Joke (笑话)

Yīngyǔ lǎoshī wèn yí ge xuésheng:" shì shénme yìsi?" xuésheng xiǎng,
英语 老师 问 一 个 学生："How are you 是 什么 意思？" 学生 想，"how"

shì zěnme, shì nǐ, yúshì huídá:"zěnme shì nǐ?" Lǎoshī shēngqì le, yòu wèn lìng
是 "怎么"，"you"是 "你"，于是 回答："怎么 是 你？" 老师 生气 了，又 问 另

yí ge xuésheng:" shì shénme yìsi?" Zhège xuésheng xiǎngle xiǎng shuō:
一 个 学生："How old are you 是 什么 意思？" 这个 学生 想了 想 说：

"zěnme lǎo shì nǐ?"
"怎么 老 是 你？"

Appendix 附录 fùlù

1. Common Measure Words (2)

常用 量词 （二）
chángyòng liàngcí (èr)

Measure		Classification	Examples		
把	bǎ	objects with a handle, chairs	刀	dāo	knife
			伞	sǎn	umbrella
			牙刷	yáshuā	toothbrush
			椅子	yǐzi	chair
打	dá	dozen			
度	dù	degree			
段	duàn	period, paragraph, segment	时间	shíjiān	time
			话	huà	words
			文章	wénzhāng	article
			乐曲	yuèqǔ	music
场	chǎng	sports and cultural activities	比赛	bǐsài	match
			电影	diànyǐng	movie
			演出	yǎnchū	performance
份	fèn	set	礼物	lǐwù	gift
			套餐	tàocān	set meal
			简历	jiǎnlì	resume
封	fēng	letter	信	xìn	letter
副	fù	pair	手套	shǒutào	gloves
			眼镜	yǎnjìng	glasses
			耳环	ěrhuán	earring
盒	hé	box	牛奶	niúnǎi	milk
			巧克力	qiǎokèlì	chocolate
级	jí	power, level	风	fēng	wind
节	jié	section	课	kè	lesson
			车厢	chēxiāng	carriage
			电池	diànchí	battery

句	jù	sentence		话	huà	words
				诗	shī	poem
				俗语	súyǔ	common saying
卷	juǎn	reel, spool		纸巾	zhǐjīn	toilet paper
				胶卷	jiāojuǎn	roll film
款	kuǎn	type (formal)		手机	shǒujī	mobile phone
粒	lì	granule		米	mǐ	rice
				糖	táng	candy
				药	yào	medicine
篇	piān	piece of writing		文章	wénzhāng	article
				课文	kèwén	text
片	piàn	slice, land		面包	miànbāo	bread
				药	yào	medicine
				森林	sēnlín	forest
头	tóu	animal		羊	yáng	sheep
				牛	niú	ox
				猪	zhū	pig
				象	xiàng	elephant
支	zhī	long and thin objects		笔	bǐ	pen
				烟	yān	cigarette
只	zhī	animal, one of paired body parts		猫	māo	cat
				狗	gǒu	dog
				手	shǒu	hand
				脚	jiǎo	foot

2. Listening Script

tīnglì   liànxí   wénběn
听力 练习 文本

Unit 16

Wǒ xiǎng jièshào wǒ de hǎo péngyou Zhū Lì.

Zhū Lì shì Yīngguórén. Wǒ shì wǔ nián qián zài Fǎguó lǚxíng de shíhou rènshi Zhū Lì de. Tā yě shì lǜshī, yǐqián tā zài Xīnjiāpō gōngzuò, xiànzài zhù zài Shànghǎi, suǒyǐ wǒmen yòu jiàn miàn le. Tā duì Hànyǔ hěn yǒu xìngqù. Qùnián tā zài Běijīng Dàxué xué Hànyǔ, suǒyǐ tā de Zhōngwén búcuò.

Zhū Lì yòu niánqīng yòu piàoliang, yǒu huángsè de tóufa hé zōngsè de yǎnjing.

Rúguǒ wǒmen yǒu kòng, jiù yìqǐ chūqù wán. Zhū Lì xǐhuan mǎi dōngxi, yě xǐhuan gēn tā de péngyoumen chī fàn、hē jiǔ、qù wǔtīng tiào wǔ. Wǒ yǒushíhou péi tā, dànshì tā huí jiā chángcháng tài wǎn. Zhū Lì hái xǐhuan dǎ wǎngqiú hé pīngpāngqiú, tā dǎ qiú dǎ de zhēn búcuò.

Tā de jiā lí wǒ de jiā bù yuǎn. Tā chángcháng dào wǒ jiā lái. Wǒmen yìbiān liáo tiānr yìbiān tīng yīnyuè. Wǒ bù xǐhuan qù tā jiā, yīnwèi tā de jiā hěn luàn.

Tā hěn xǐhuan Shànghǎi, dànshì tā yě hěn xiǎng tā de fùmǔ, suǒyǐ míngnián tā yào huí Yīngguó qù.

我想介绍我的好朋友朱丽。

朱丽是英国人。我是五年前在法国旅行的时候认识朱丽的。她也是律师,以前她在新加坡工作,现在住在上海,所以我们又见面了。她对汉语很有兴趣。去年她在北京大学学汉语,所以她的中文不错。

朱丽又年轻又漂亮,有黄色的头发和棕色的眼睛。

如果我们有空,就一起出去玩。朱丽喜欢买东西,也喜欢跟她的朋友们吃饭、喝酒、去舞厅跳舞。我有时候陪她,但是她回家常常太晚。朱丽还喜欢打网球和乒乓球,她打球打得真不错。

她的家离我的家不远。她常常到我家来。我们一边聊天儿一边听音乐。我不喜欢去她家,因为她的家很乱。

她很喜欢上海,但是她也很想她的父母,所以明年她要回英国去。

Unit 17

Xiànzài bōsòng Zhōngyāng Qìxiàngtái jīntiān
(1) 现在 播送 中央 气象台 今天
liù diǎn zhōng fābù de chéngshì tiānqì yùbào.
6 点 钟 发布 的 城市 天气 预报。

chéngshì 城市	tiānqì 天气	qìwēn 气温
Běijīng 北京	qíng zhuǎn duōyún, 晴 转 多云, dōngnánfēng sān dào sì jí 东南风 3-4 级	1-12 ℃
Hā'ěrbīn 哈尔滨	qíng, wēifēng 晴, 微风	-10--1 ℃
Xī'ān 西安	duōyún, wēifēng 多云, 微风	3-12℃
Lāsà 拉萨	duōyún, wēifēng 多云, 微风	-6-8℃
Shànghǎi 上海	duōyún, dōngběifēng 多云, 东北风 zhuǎn dōngfēng 转 东风	8-14 ℃
Kūnmíng 昆明	qíng, wēifēng 晴, 微风	6-18 ℃
Guǎngzhōu 广州	xiǎoyǔ, wēifēng 小雨, 微风	17-23 ℃
Xiānggǎng 香港	duōyún zhuǎn yīn, 多云 转 阴,	20-24℃

	dōngfēng sì dào wǔ jí 东风　　4-5　级	
Àomén 澳门	duōyún, dōngfēng sì dào wǔ jí 多云，　东风　　4-5　级	20–24℃
Táiběi 台北	zhènyǔ 阵雨	16–24℃

(2) Xiàmiàn xiàng nín bōsòng Shànghǎi Zhōng-xīn Qìxiàngtái jīntiān zhōngwǔ shíyī diǎn fābù de Shànghǎi Shì tiānqì yùbào. Duōyún dào yīn, júbù dìqū yǒushí yǒu yǔ. Jīntiān yèjiān dào míngtiān, yīn yǒu yǔ, júbù dìqū yǔliàng zhōngděng. Dōngběifēng zhuǎn dōngfēng sì dào wǔ jí. Jīntiān yèjiān fēnglì sì dào wǔ jí, zhènfēng liù jí. Jīntiān zuì gāo wēndù shíèr shèshìdù. Míngtiān zuì dī wēndù liù shèshìdù. Xièxie nín de shōutīng. Huānyíng nín jīngcháng bōdǎ yāo èr yāo èr yāo qìxiàng xìnxītái. Xūyào liǎojiě xiángxì tiānqì qíngkuàng, qǐng nín bōdǎ jiǔ liù jiǔ èr èr yāo qìxiàng xìnxī tái.

(2) 下面向您播送上海中心气象台今天中午 11 点发布的上海市天气预报。多云到阴，局部地区有时有雨。今天夜间到明天，阴有雨，局部地区雨量中等。东北风转东风 4 到 5 级。今天夜间风力 4 到 5 级，阵风 6 级。今天最高温度 12 摄氏度。明天最低温度 6 摄氏度。谢谢您的收听。欢迎您经常拨打 12121 气象信息台。需要了解详细天气情况，请您拨打 969221 气象信息台。

Unit 18

Nǐ yǒu chī zǎofàn de xíguàn ma?

Wǒ měi tiān dōu yào chī zǎofàn. Rúguǒ bù chī de huà, jiù huì gǎndào hěn bù shūfu.

Zǎofàn yǒu hěn duō xuǎnzé. Nǐ kěyǐ xuǎn zé bāozi、 jiǎozi、 miàntiáo děng zhōngshì kǒuwèi; yě kěyǐ xuǎnzé niúnǎi、 miànbāo、 jīdàn děng xīshì kǒuwèi. Nǐ kěyǐ zìjǐ zài jiā lǐ zuò; yě kěyǐ qù diàn lǐ mǎi.

Xiànzài yǒu hěn duō niánqīngrén bù chī zǎofàn. Yī shì tāmen xǐhuan shuì lǎn jiào, zǎoshang qǐ chuáng yǐhòu jíjímángmáng qù shàng bān, méiyǒu shíjiān chī zǎofàn; èr shì yìxiē niánqīng nǚhái yào jiǎn féi. Tāmen yìbān hē yìdiǎnr niúnǎi、 guǒzhī, dào jiǔ-shí diǎn zhōng dùzi è de shíhou, zài chī jǐ piàn bǐnggān.

Nǐ juéde bù chī zǎofàn shì bù hǎo de xíguàn ma?

你有吃早饭的习惯吗？

我每天都要吃早饭。如果不吃的话，就会感到很不舒服。

早饭有很多选择。你可以选择包子、饺子、面条等中式口味；也可以选择牛奶、面包、鸡蛋等西式口味。你可以自己在家里做；也可以去店里买。

现在有很多年轻人不吃早饭。一是他们喜欢睡懒觉，早上起床以后急急忙忙去上班，没有时间吃早饭；二是一些年轻女孩要减肥。她们一般喝一点儿牛奶、果汁，到九十点钟肚子饿的时候，再吃几片饼干。

你觉得不吃早饭是不好的习惯吗？

Unit 19

Nǚ: Hǎo jiǔ méi jiàn le.

Nán: Shì a. Jīntiān yǒu jiàn shì yào máfan nǐ.

Nǚ: Dàjiā shì lǎopéngyou, bú yòng zhème kèqi. Shuō ba.

Nán: Wǒmen gōngsī xūyào liǎng ge fānyì, zuìhǎo jì dǒng Yīngyǔ yòu dǒng Fǎyǔ.

Nǚ: Shénme shíhou yào?

Nán: Yuè kuài yuè hǎo.

Nǚ: Hǎo de, yì yǒu xiāoxi wǒ jiù tōngzhī nǐ.

Nán: Xièxie. Nàme, wǒ xiān zǒu le.

Nǚ: Zǒu hǎo.

女：好久没见了。

男：是啊。今天有件事要麻烦你。

女：大家是老朋友，不用这么客气。说吧。

男：我们公司需要两个翻译，最好既懂英语又懂法语。

女：什么时候要？

男：越快越好。

女：好的，一有消息我就通知你。

男：谢谢。那么，我先走了。

女：走好。

Unit 20

Nán A: Zhēn shì jí sǐ rén le. xià xīngqīyī yào qù Běijīng chū chāi, kě fēijīpiào hái méi mǎidào.

Nán B: Wǒ gěi Zhōngguó Guójì Hángkōng Gōngsī dǎ guò diànhuà. Tāmen shuō, xià xīngqī de piào yǐjīng màiwán le. Tāmen ràng wǒmen dào Zhōngguó Guójì Lǚxíngshè qù wènwen.

Nán A: Nà wǒ xiànzài jiù qù.

Nán B: Děng nǐ de hǎo xiāoxi.

Nán A: Xiǎojiě, qǐng wèn yǒu xià xīngqīyī dào Běijīng de fēijīpiào ma? Wǒ yào liǎng zhāng.

Nǚ: Duìbuqǐ, xiānsheng, méiyǒu le. Zhǐyǒu xīngqī'èr zǎoshang tóuděngcāng de.

Nán A: Xīngqī'èr jiù xīngqī'èr ba.

男 A：真是急死人了。下星期一要去北京出差，可飞机票还没买到。

男 B：我给中国国际航空公司打过电话。他们说，下星期的票已经卖完了。他们让我们到中国国际旅行社去问问。

男 A：那我现在就去。

男 B：等你的好消息。

男 A：小姐，请问有下星期一到北京的飞机票吗？我要两张。

女：对不起，先生，没有了。只有星期二早上头等舱的。

男 A：星期二就星期二吧。

Unit 21

Nǚ: Lǎobǎn, qǐng wèn zhège bāo duōshǎo qián?

Nán: wǔbǎi kuài.

Nǚ: Zěnme zhème guì a.

Nán: Zhège bāo shì míngpái.

Nǚ: Yōuhuì diǎn ba.

Nán: Nàme dǎ bā zhé, zěnmeyàng?

Nǚ: Bùxíng, Wǒ kàn wǔ zhé ba.

Nán: Wǔ zhé? nǐ yě tài lìhài le. Qī zhé nǐ názǒu.

Nǚ: Zuìduō wǔwǔ zhé, fǒuzé wǒ jiù bú yào le.

Nán: Wǔwǔ zhé jiù wǔwǔ zhé ba.

Nǚ: Zhège yàngpǐn yǒudiǎnr zāng, nǐ hái yǒu biéde ma?

Nán: Yǒu, dànshì yánsè bù yíyàng, shì júhóngsè de.

Nǚ: Kěyǐ, ná chūlái kàn yíxià.

    …

Nǚ: Zhège hǎoxiàng hé nàge yǒudiǎnr bù yíyàng.

Nán: Chàbuduō, zhǐshì duō jǐ ge kǒudài.

Nǚ: Wǒ bú tài xǐhuan zhège yàngzi. Háishì yuánlái nàge ba.

女：老板，请问这个包多少钱？

男：500块。

女：怎么这么贵啊。

男：这个包是名牌。

女：优惠点吧。

男：那么打八折，怎么样？

女：不行，我看五折吧。

男：五折？你也太厉害了。七折你拿走。

女：最多五五折，否则我就不要了。

男：五五折就五五折吧。

女：这个样品有点儿脏，你还有别的吗？

男：有，但是颜色不一样，是橘红色的。

女：可以，拿出来看一下。

    ……

女：这个好像和那个有点儿不一样。

男：差不多，只是多几个口袋。

女：我不太喜欢这个样子。还是原来那个吧。

Unit 22

Wǒ yǒu liǎng ge háizi. Érzi Màikè xiànzài shí suì, Nǚ'ér Sūshān cái qī suì. Tāmen dōu zài Shànghǎi shàng xué, tāmen huì shuō Yīngyǔ hé Hànyǔ. Màikè xǐhuan huà huà. Tā měi tiān dōu zài zhǐ shàng huà gèzhǒng gèyàng de dōngxi, xiǎogǒu a, fángzi a, yǒushíhou tā huà bàba、māma、mèimei hé tā zìjǐ. Sūshān yě xǐhuan huà huà, kěshì tā gèng xǐhuan yīnyuè. Tā de gāngqín tán de hěn hǎo, chàng gē yě chàng de hěn hǎo, tā zài xuéxiào lǐ xuéle hěn duō Zhōngguógē. Xiànzài, tāmen dōu hái xiǎo. Yěxǔ yǒu yì tiān, Màikè huì chéngwéi yí ge huàjiā, Sūshān huì chéngwéi yí ge gāngqínjiā. Yěxǔ tāmen huì zuò lǎoshī、gōngchéngshī、yīshēng, shuí zhīdao ne. Zhǐyào tāmen dōu gōngzuò de kāixīn, shēnghuó de kāixīn, wǒ jiù hěn gāoxìng le.

我有两个孩子。儿子麦克现在 10 岁,女儿苏珊才 7 岁。他们都在上海上学,他们会说英语和汉语。麦克喜欢画画。他每天都在纸上画各种各样的东西,小狗啊,房子啊,有时候他画爸爸、妈妈、妹妹和他自己。苏珊也喜欢画画,可是她更喜欢音乐。她的钢琴弹得很好,唱歌也唱得很好,她在学校里学了很多中国歌。现在,他们都还小。也许有一天,麦克会成为一个画家,苏珊会成为一个钢琴家。也许他们会做老师、工程师、医生,谁知道呢。只要他们都工作得开心,生活得开心,我就很高兴了。

Unit 23

Yí ge Zhōngguó lǎotàitai hé yí ge Měiguó lǎotàitai, liǎng rén dōu shì liùshí suì. Jiàn miàn de shíhou, Zhōngguó lǎotàitai gāoxìng de shuō: "wǒ zhōngyú cúngòule mǎi fáng de qián." Ér Měiguó lǎotàitai yě tóngyàng gāoxìng de shuō: "wǒ zhōngyú huánqīngle mǎi fáng de dàikuǎn."

Qù yínháng jiè qián mǎi fáng mǎi chē de rén dàdōu zhīdao shàngmiàn zhège gùshi. Bú jiè qián, bú qiàn zhài, nà shì guòqù de guānniàn; ér xiànzài, bùshǎo rén juéde, nénggòu tíqián guòshàng hǎo rìzi, jiè diǎnr qián yòu yǒu shénme guānxì ne? Búguò, qiàn zhài huán qián yǒushí bìng bú xiàng jiè qián de shíhou nàme qīngsōng.

Wáng xiǎojiě zài yì jiā dà gōngsī gōngzuò, shōurù wěndìng érqiě bù dī. Qiánnián tā dài kuǎn zài shì zhōngxīn mǎile yí tào fángzi, kě zhùle bú dào liǎng nián, biéshù kāishǐ liúxíng. Kànzhe yuèláiyuè duō de rén zhùdào kuānchǎng、piàoliang de

biéshù lǐ, tā xīn dòng le. Yúshì, yòu dài kuǎn zài jiāoqū mǎile yí dòng biéshù, zhùjìnle biéshù, méiyǒu chē duō bù fāngbiàn a. Tā yòu juédìng mǎi chē, zìrán háishì dài kuǎn. Xiànzài, tā fáng yě yǒu le, chē yě yǒu le, kě měi yuè de gōngzī yě quán dōu yòng lái huán yínháng de dàikuǎn le. Biérén dōu hěn xiànmù Wáng xiǎojiě de shēnghuó, kěshì zhēnzhèng de zīwèi zhǐyǒu tā zìjǐ zhīdao.

一个中国老太太和一个美国老太太,两人都是六十岁。见面的时候,中国老太太高兴地说:"我终于存够了买房的钱。"而美国老太太也同样高兴地说:"我终于还清了买房的贷款。"

去银行借钱买房买车的人大都知道上面这个故事。不借钱,不欠债,那是过去的观念;而现在,不少人觉得,能够提前过上好日子,借点儿钱又有什么关系呢?不过,欠债还钱有时并不像借钱的时候那么轻松。

王小姐在一家大公司工作,收入稳定而且不低。前年她贷款在市中心买了一套房子,可住了不到两年,别墅开始流行。看着越来越多的人住到宽敞、漂亮的别墅里,她心动了。于是,又贷款在郊区买了一栋别墅。住进了别墅,没有车多不方便啊。她又决定买车,自然还是贷款。现在,她房也有了,车也有了,可每月的工资也全都用来还银行的贷款了。别人都很羡慕王小姐的生活,可是真正的滋味只有她自己知道。

Unit 24

Nǚ: Zhège xiàtiān nǐ dǎsuan chūqù lǚyóu ma?

Nán: Dāngrán lou, zěnme néng lǎo dāi zài jiā lǐ ne?

Nǚ: Dǎsuan qù nǎr ne?

Nán: Hái méi juédìng. Kěnéng qù Xī'ān.

Nǚ: Wǒ juéde Xī'ān huì hěn rè. Wǒ xiǎng qù Qīngdǎo, wǒ xǐhuan dàhǎi.

Nán: Ǹg, hǎibiān yīnggāi bǐjiào liángkuai.

Nǚ: Zuò fēijī qù ma?

Nán: Yīnggāi shì de.

Nǚ: Xīwàng nàshí jīpiào bú huì tài guì,　rén
　　bú huì tài duō.

女：这个夏天你打算出去旅游吗？
男：当然喽，怎么能老待在家里呢？
女：打算去哪儿呢？
男：还没决定。可能去西安。
女：我觉得西安会很热。我想去青岛，我喜欢
　　大海。
男：嗯，海边应该比较凉快。
女：坐飞机去吗？
男：应该是的。
女：希望那时机票不会太贵，人不会太多。

Unit 25

Nán: Jīntiān wǎnshang zánmen chī shénme?
Nǚ: Suíbiàn.
Nán: Chī huǒguō ba.
Nǚ: Bùxíng,　chī huǒguō liǎn shàng yào
　　zhǎng dòu.
Nán: Nà zánmen chī Chuāncài?
Nǚ: Zuótiān gāng chī de Chuāncài,　jīntiān
　　yòu chī...
Nán: Nà chī hǎixiān qu?
Nǚ: Hǎixiān bù hǎo, chī le lā dùzi.
Nán: Nà nǐ shuō chī shénme?
Nǚ: Suíbiàn.
Nán: Nà zánmen xiànzài dàodǐ gàn shénme?
Nǚ: Dōu xíng.
Nán: Kàn diànyǐng zěnmeyàng? Hǎo jiǔ méi
　　kàn diànyǐng le.
Nǚ: Diànyǐng yǒu shénme hǎokàn de?
Nán: Nà dǎ bǎolíngqiú, yùndòng yùndòng?
Nǚ: Gōngzuò le yìtiān le, bú lèi a?
Nán: Nà zhǎo ge kāfēidiàn zuòzuo.
Nǚ: Hē kāfēi yǐngxiǎng shuìmián.
Nán: Nà nǐ shuō gàn shénme?
Nǚ: Dōu xíng.
Nán: Nà huí jiā hǎo le.
Nǚ: Suí nǐ.
Nán: Zuò gōnggòngqìchē ba, wǒ sòng nǐ.
Nǚ: Gōnggòngqìchē tài jǐ, háishì suàn le.
Nán: Nà zuò chūzūchē.
Nǚ: Zhème jìn de lù bù hésuàn.

Nán: Nà zǒu lù hǎo le, sànsan bù.
Nǚ: Èzhe dùzi sàn shénme bù ya?
Nán: Nà nǐ dàodǐ xiǎng zěnmezhāo a?
Nǚ: Suí nǐ.
Nán: Nà jiù xiān chī fàn.
Nǚ: Suíbiàn.
Nán: Chī shénme?
Nǚ: Dōu xíng.

男：今天晚上咱们吃什么？
女：随便。
男：吃火锅吧。
女：不行，吃火锅脸上要长痘。
男：那咱们吃川菜？
女：昨天刚吃的川菜，今天又吃……
男：那吃海鲜去？
女：海鲜不好，吃了拉肚子。
男：那你说吃什么？
女：随便。
男：那咱们现在到底干什么？
女：都行。
男：看电影怎么样？好久没看电影了。
女：电影有什么好看的？
男：那打保龄球，运动运动？
女：工作了一天了，不累啊？
男：那找个咖啡店坐坐。
女：喝咖啡影响睡眠。
男：那你说干什么？
女：都行。
男：那回家好了。
女：随你。
男：坐公共汽车吧，我送你。
女：公共汽车太挤，还是算了。
男：那坐出租车。
女：这么近的路不合算。
男：那走路好了，散散步。
女：饿着肚子散什么步呀？
男：那你到底想怎么着啊？
女：随你。
男：那就先吃饭。
女：随便。
男：吃什么？

女：都行。

Unit 26

Dōngtiān dào le, tiānqì yì tiān bǐ yì tiān lěng le. Wǒ méi dài guò dōng de yīfu. Zuótiān, Lìli péi wǒ qù shāngdiàn mǎi yīfu. Kěshì, wǒ shìle bàntiān, yí jiàn yě bù héshì. Běnlái Lìli xiǎng mǎi màozi, dànshì yīnwèi yìzhí péi wǒ mǎi yīfu, màozi yě méiyǒu mǎi. Wǒ juéde hěn bù hǎoyìsi. Jīntiān, wǒ yòu chūlái guàng jiē, zhōngyú mǎidàole héshì de yīfu. Wǒ hái mǎile yì dǐng fēicháng piàoliang de màozi, zhǔnbèi sònggěi Lìli, shòuhuòyuán shuō zhè shì jīnnián zuì liúxíng de kuǎnshì, wǒ xiǎng Lìli yídìng huì hěn gāoxìng.

冬天到了，天气一天比一天冷了。我没带过冬的衣服。昨天，丽丽陪我去商店买衣服。可是，我试了半天，一件也不合适。本来丽丽想买帽子，但是因为一直陪我买衣服，帽子也没有买。我觉得很不好意思。今天，我又出来逛街，终于买到了合适的衣服。我还买了一顶非常漂亮的帽子，准备送给丽丽，售货员说这是今年最流行的款式，我想丽丽一定会很高兴。

Unit 27

Nán: Nǐ kàn shénme ne?

Nǚ: Wǒ zài kàn yùndòng zázhì ne. Hěn yǒu yìsi. Nǐ xiǎng kànkan ma?

Nán: Zhè shì Zhōngwén zázhì, wǒ hái méiyǒu kànguo Zhōngwén zázhì ne. Zhōngwén zázhì nándǒng ma?

Nǚ: Kāishǐ kàn de shíhou kěnéng bǐjiào nán, dànshì kànguo jǐ běn yǐhòu jiù róngyì le. Zhè běn wǒ yǐjīng kànwán le, jiègěi nǐ ba.

Nán: Xièxie. Rúguǒ yǒu wèntí de huà, kěyǐ wèn nǐ ma?

Nǚ: Dāngrán kěyǐ.

Nán: Nǐ duì yùndòng hěn yǒu xìngqù ma?

Nǚ: Hěn yǒu xìngqù, wǒ zuì xǐhuan yóuyǒng. Búguò wǒ gèng xǐhuan kàn tǐyù xīnwén hé bǐsài. Nǐ ne?

Nán: Yǐqián wǒ chángcháng yùndòng, dǎ

wǎngqiú, dǎ gāo'ěrfū, yóuyǒng wǒ dōu xǐhuan. Xiànzài tài máng le, méiyǒu shíjiān yùndòng le. Xià cì, wǒmen yìqǐ qù yóuyǒng ba.

Nǚ: Hǎo.

男：你看什么呢？

女：我在看运动杂志呢。很有意思。你想看看吗？

男：这是中文杂志，我还没有看过中文杂志呢。中文杂志难懂吗？

女：开始看的时候可能比较难，但是看过几本以后就容易了。这本我已经看完了，借给你吧。

男：谢谢。如果有问题的话，可以问你吗？

女：当然可以。

男：你对运动很有兴趣吗？

女：很有兴趣，我最喜欢游泳。不过我更喜欢看体育新闻和比赛。你呢？

男：以前我常常运动，打网球、打高尔夫、游泳我都喜欢。现在太忙了，没有时间运动了。下次，我们一起去游泳吧。

女：好。

Unit 28

Kuài dào niándǐ le, suǒyǐ tiānqì yuèláiyuè lěng. Zhège xīngqī de qìwēn bǐ shàng ge xīngqī dīle qī-bā dù. Suīrán wǒ chuānle hěn duō yīfu, kě háishì juéde yǒudiǎnr lěng.

Zuótiān xiàwǔ, chúle wǒ yǐwài, jiā lǐ yí ge rén yě méiyǒu. Wǒ yìbiān kàn shū, yìbiān tīng yīnyuè. Kànle liǎng ge xiǎoshí zuǒyòu de shū, wǒ è le, jiù qù chúfáng zuò chī de. Chī wán dōngxi, wǒ dǎ kāi shuǐlóngtóu xǐ wǎn, tūrán diànhuàlíng xiǎng le. Wǒ xiǎng zǒu guòqù jiē diànhuà, yòu tīngjiàn yǒuren qiāomén. Zhèshí, chuāng wài kāishǐ xià yǔ le, dànshì wǒ de bèizi hái shài zài yángtái shàng. Érqiě, chúfáng shuǐchí lǐ de shuǐ jiùyào mǎn chūlái le.

Rúguǒ nǐ shì wǒ, nǐ huì zěnme bàn?

快到年底了，所以天气越来越冷。这个星

期的气温比上个星期低了七八度。虽然我穿了很多衣服，可还是觉得有点儿冷。

昨天下午，除了我以外，家里一个人也没有。我一边看书，一边听音乐。看了两个小时左右的书，我饿了，就去厨房做吃的。吃完东西，我打开水龙头洗碗，突然电话铃响了。我想走过去接电话，又听见有人敲门。这时，窗外开始下雨了，但是我的被子还晒在阳台上。而且，厨房水池里的水就要满出来了。

如果你是我，你会怎么办？

Unit 29

Zài wǒ de guójiā Àodàlìyà yǒu hěn duō de jiàrì.

Měi nián sìyuè èrshíwǔ hào shì yí ge tèbié de jiàrì. Jiǔshí nián qián de sìyuè èrshíwǔ hào, Àodàlìyà de jūnrén qù cānjiā zhànzhēng. tāmen hěn niánqīng yě hěn yǒnggǎn. Kěshì hěn duō jūnrén sǐ le. Suǒyǐ zhīhòu měi nián dàjiā dōu yào jìniàn tāmen. Zǎoshang wǔ diǎn kāishǐ jiù yǒu jìniàn yíshì, zǎofàn yǐhòu kāishǐ yóuxíng. Jīnnián zài Xīní, yuē yǒu wǔ wàn rén cānjiāle zhè tiān de huódòng. Zhège jiàrì kě rènao la.

Hái yǒu yí ge tèbié de jiérì. Měi nián shíyī yuè de dì-yī ge xīngqī'èr, zài Mò'ěrběn yǒu yí ge yǒumíng de sàimǎhuì. Nǚrénmen dōu yào chuānshang piàoliang de yīfu, dàishang piàoliang de màozi. Rénrén dōu hē hěn duō jiǔ, chī hěn duō hǎochī de dōngxi.

Zài Àodàlìyà, Shèngdàn Jié dāngrán shì zuì hǎo de jiérì. Dàjiā zǒngshì hěn gāoxìng. Měi nián Shèngdàn Jié wǒ dōu yào huí Àodàlìyà qù. Wǒ mǎi hěn duō de Zhōngguó lǐwù dài huíqù sònggěi fùmǔ hé péngyoumen. Dàjiā dōu xǐhuan wǒ de lǐwù, yīnwèi Zhōngguó lǐwù hěn yǒuyìsi. Shí'èr yuè èrshísì hào, wǒ xiān qù jiàotáng. Qù jiàotáng hòu, zài wǒ jiā yǒu yí ge jùhuì, fùmǔ huì zuò tèbié de shíwù. Dì-èr tiān, zǎoshang、zhōngwǔ、wǎnshang, wǒmen qù péngyoumen jiā chī fàn、hē jiǔ、tīng yīnyuè shénme de. Zài Àodàlìyà, Shèngdàn Jié zài xiàtiān, tiānqì bǐjiào rè, suǒyǐ yǒushíhou wǒmen yě qù hǎitān jù yi jù.

在我的国家澳大利亚有很多的假日。

每年四月二十五号是一个特别的假日。九十年前的四月二十五号，澳大利亚的军人去参加战争。他们很年轻也很勇敢。可是很多军人死了。所以，之后每年大家都要纪念他们。早上五点开始就有纪念仪式，早饭以后开始游行。今年在悉尼，约有五万人参加了这天的活动。这个假日可热闹啦。

还有一个特别的节日。每年十一月的第一个星期二，在墨尔本有一个有名的赛马会。女人们都要穿上漂亮的衣服，戴上漂亮的帽子。人人都喝很多酒，吃很多好吃的东西。

在澳大利亚，圣诞节当然是最好的节日。大家总是很高兴。每年圣诞节我都要回澳大利亚去。我买很多的中国礼物带回去送给父母和朋友们。大家都喜欢我的礼物，因为中国礼物很有意思。十二月二十四号，我先去教堂。去教堂后，在我家有一个聚会，父母会做特别的食物。第二天，早上、中午、晚上，我们去朋友们家吃饭、喝酒、听音乐什么的。在澳大利亚，圣诞节在夏天，天气比较热，所以有时候我们也去海滩聚一聚。

Unit 30

Wǒ cānjiā yí ge wǎngluò bǐsài, déle ge èrděngjiǎng, jiǎngpǐn shì yì tái xiǎnshìqì. Bàozhe xiǎnshìqì huí jiā, wǒ què bú tài kāixīn. Zài lù shang, wǒ xiǎngqǐle cóngqián kànguo de yí bù diànyǐng.

Zhǔréngōng Ālǐ zài cānjiā bǐsài shí, yì xīn zhǐ xiǎng pǎo dì-sān míng, nádào zuì xiǎng yào de jiǎngpǐn——yì shuāng xiǎo xiézi. Tā xiǎng ràng mèimei měi tiān chuānzhe tā; ér búshì guāngzhe jiǎo qù shàng xué. Tā bèi biérén tuīdǎo le yòu pá qǐlái zài pǎo, jìngrán chōngdàole dì-yī míng. Dàjiā dōu zhùhè tā, Ālǐ què liúxiàle yǎnlèi. Jǐnguǎn guànjūn néng dédào fēnghòu de jiǎngpǐn, dàn nà bú shì Ālǐ zuì xūyào de, tā xiǎng yào nà shuāng bìng bú piàoliang de xiǎo xiézi. Jiéguǒ, tā bùjǐn méiyǒu dédào, fǎn'ér lián jǐnyǒu de yì shuāng xiézi yě pǎohuài le.

Zài nàge shíkè, wǒmen yěxǔ kěyǐ zhèyàng

jiěshì xìngfú: xìngfú jiù shì dédào nǐ jí xū de
dōngxi. Zhù zài xiāngxià de lǎorén, shōudào
érzi jìlái de qián wù dāngrán fēicháng
gāoxìng, dàn lǎorén zuì xiǎng yào de bú shì
zhèxiē, érshì néng jiàn érzi yí miàn; xiàrì lǐ
gǎn lù de rén, jí xū de shì yí piàn shùyīn、
yì bǎ shànzi, ér bú shì yí jiàn míngguì de pí
dàyī.

Wǒ bù xūyào xiǎnshìqì, xiǎnshìqì wǒ yǐjīng
yǒu le. Wǒ yuánběn zhǐ xiǎng dé ge
sānděngjiǎng, sānděngjiǎng de jiǎngpǐn shì yì
tái dǎyìnjī…

我参加一个网络比赛，得了个二等奖，奖品是一台显示器。抱着显示器回家，我却不太开心。在路上，我想起了从前看过的一部电影。

主人公阿里在参加比赛时，一心只想跑第三名，拿到最想要的奖品——一双小鞋子。他想让妹妹每天穿着它；而不是光着脚去上学。他被别人推倒了又爬起来再跑，竟然冲到了第一名。大家都祝贺他，阿里却流下了眼泪。尽管冠军能得到丰厚的奖品，但那不是阿里最需要的，他想要那双并不漂亮的小鞋子。结果，他不仅没有得到，反而连仅有的一双鞋子也跑坏了。

在那个时刻，我们也许可以这样解释幸福：幸福就是得到你急需的东西。住在乡下的老人，收到儿子寄来的钱物当然非常高兴，但老人最想要的不是这些，而是能见儿子一面；夏日里赶路的人，急需的是一片树荫、一把扇子，而不是一件名贵的皮大衣。

我不需要显示器，显示器我已经有了。我原本只想得个三等奖，三等奖的奖品是一台打印机……

3. Vocabulary Index

cíhuì zǒngbiǎo
词汇 总表

Abbreviations for Grammar Terms

adj.	adjective		*part.*	particle
adv.	adverb		*PN*	proper noun
AV	auxiliary verb		*pron.*	pronoun
conj.	conjunction		*QW*	question word
interj.	interjection		*TW*	time word
MW	measure word		*v.*	verb
n.	noun		*VC*	verb plus complement
num.	numeral		*VO*	verb plus object

How to use Vocabulary Index

✦ Words and expressions in **Vocabulary** of text in each unit are marked in dark color; other words and expressions (i.e., those that appear in the examples of Usages in **Vocabulary** of text, in **Useful Words & Expressions**, in the examples of **Language Points** and in **Exercise**) are marked in light color.

✦ The number (s) at the end of each word entry stand (s) for the number of the unit in which this word appears for the first time.

Where there are two numbers, e.g.,

71. 传统　　chuántǒng　　*n. & adj.*　　tradition, traditional　　22、29

the first number in light color "22" stands for **Unit 22** in which 传统 (chuántǒng) appears for the first time as word not in **Vocabulary** of text;

the second number in dark color "29" stands for **Unit 29** in which 传统 (chuántǒng) appears again, this time as word in **Vocabulary** of text.

词汇总表使用说明

✦ 每课课文的"生词语"标为深色;书中的其他生词语(包括课文"生词语"用法中的示例词语、"补充词汇与短语"、"语言点"例句和"练习"中的生词语)标为浅色。

✦ 各词条最后的数字表示该词语第一次出现的课的序号。

凡出现两个数字的,比如:

92. 传统　　chuántǒng　　*n. & adj.*　　tradition; traditional　　22、29

第一个浅色数字"22"表示"传统"在第 **22** 课第一次出现,但不属于该课课文的生词语;

第二个深色数字"29"表示"传统"在第 **29** 课再次出现,此时是该课课文的生词语。

A

1.	爱好	àihào	*n.*	hobby	16
2.	安静	ānjìng	*adj.*	quiet	18
3.	安排	ānpái	*n. & v.*	arrangement; to arrange	24
4.	安全	ānquán	*n.*	safety	17
5.	按照	ànzhào	*prep.*	according to	20、25
6.	澳大利亚	Àodàlìyà	*PN*	Australia	29

B

7.	芭蕾舞	bālěiwǔ	*n.*	ballet	27
8.	拔牙	bá yá	*VO*	to pull out a tooth	18
9.	把	bǎ	*prep.*	used when the object is the receiver of the action of the ensuring verb	29
10.	白天	báitiān	*n.*	daytime	22
11.	摆	bǎi	*v.*	to put	25
12.	百合	bǎihé	*n.*	lily	25
13.	拜年	bài nián	*VO*	to pay a New Year visit	29
14.	班长	bānzhǎng	*n.*	monitor	28
15.	办	bàn	*v.*	to handle (procedures)	23
16.	办法	bànfǎ	*n.*	way	19
17.	办公室	bàngōngshì	*n.*	office	16
18.	伴郎	bànláng	*n.*	bestman	25
19.	伴娘	bànniáng	*n.*	chief bridesmaid	25
20.	包	bāo	*v.*	to provide (food and accommodation)	24
21.	饱	bǎo	*adj.*	be full	18
22.	保单	bǎodān	*n.*	guarantee slip	28
23.	保龄球	bǎolíngqiú	*n.*	bowling	25
24.	保密	bǎo mì	*VO*	keep secret	19
25.	保险	bǎoxiǎn	*n.*	insurance	28
26.	保修	bǎoxiū	*n. & v.*	guarantee to keep something in good repair	21
27.	报价	bàojià	*n. & VO*	quoted price; to quote price	24
28.	报警	bào jǐng	*VO*	to call the police	28
29.	背	bèi	*n.*	back	18
30.	被	bèi	*prep.*	by	28
31.	贝西	Bèixī	*PN*	name (of a person)	16
32.	被子	bèizi	*n.*	quilt	28
33.	鼻子	bízi	*n.*	nose	18
34.	比	bǐ	*prep.*	compare to (used in comparison sentence)	17
35.	比分	bǐfēn	*n.*	score	23

C

75. 吵架	chǎojià	v.	to quarrel	17
76. 车牌	chē pái	n.	car plate	28
77. 衬衫	chènshān	n.	shirt	26
78. 称赞	chēngzàn	v.	to praise	26
79. 成功	chénggōng	n. & v.	success; succeed	19
80. 成绩	chéngjì	n.	result	23
81. 成为	chéngwéi	v.	to become	22
82. 冲	chōng	v.	to rush	30
83. 充电器	chōngdiànqì	n.	charger	21
84. 出门	chū mén	VO	to leave home	18
85. 出事	chū shì	VO	to have an accident	28
86. 出席	chūxí	v.	to attend	25
87. 初	chū	n.	beginning	19
88. 初七	chūqī	n.	the seventh day of a month in lunar calendar	19
89. 初一	chūyī	n.	the first day of a month in lunar calendar	29
90. 除了	chúle	prep.	besides, except	21
91. 除夕	chúxī	n.	Chinese New Year's Eve	29
92. 厨师	chúshī	n.	chef	16
93. 传统	chuántǒng	n. & adj.	tradition; traditional	22、25
94. 传真	chuánzhēn	n.	fax	24
95. 春	chūn	n.	spring	17
96. 春节	Chūn Jié	PN	Spring Festival	19
97. 瓷器	cíqì	n.	porcelain	26
98. 辞职	cí zhí	VO	to resign	22
99. 从不	cóng bù		never (do)	17
100. 从……到……	cóng... dào...		from...to...	16
101. 从没	cóng méi		never (did)	17
102. 粗心	cūxīn	adj.	careless	28
103. 促销	cùxiāo	n. & v.	a sales promotion; to have a sales promotion	21
104. 存款	cúnkuǎn	VO	to deposit money	23
105. 存折	cúnzhé	n.	bankbook	23
106. 措手不及	cuòshǒubùjí	adj.	unprepared	29

D

107. 答应	dāying	v.	to consent	19
108. 答复	dáfù	n. & v.	a reply; to reply	23
109. 打败	dǎbài	VC	to defeat	29
110. 打扮	dǎban	v.	to dress up	25
111. 打雷	dǎ léi	VO	to thunder	17
112. 打扫	dǎsǎo	v.	to clean	29
113. 打印机	dǎyìnjī	n.	printer	30

E

156.	额度	édù	*n.*	overdraft limit, quota	23
157.	饿	è	*adj.*	hungry	18
158.	儿童节	Értóng Jié	*PN*	Children's Day (June 1)	29
159.	耳朵	ěrduo	*n.*	ear	18

F

160.	发	fā	*v.*	to send	19、21
161.	发布	fābù	*v.*	to issue	17
162.	发言	fā yán	*VO*	to make a speech	25
163.	发展	fāzhǎn	*n. & v.*	development; to develop	20
164.	罚	fá	*v.*	to penalize	20
165.	法规	fǎguī	*n.*	laws and regulations	20
166.	法律	fǎlǜ	*n.*	law	16
167.	法语	Fǎyǔ	*PN*	French (language)	21
168.	翻译	fānyì	*n.& v.*	translation, translator; to translate	19
169.	反而	fǎn'ér	*adv.*	instead, on the contrary	17
170.	方面	fāngmiàn	*n.*	aspect	22
171.	方式	fāngshì	*n.*	style	18
172.	放	fàng	*v.*	to set off (firecracker)	29
173.	放松	fàngsōng	*v.*	to relax	16
174.	放心	fàng xīn	*VO*	to feel relieved	21
175.	放学	fàng xué	*VO*	school is over	20
176.	费	fèi	*n.*	fee	20
177.	分别	fēnbié	*adv.*	respectively	24
178.	分明	fēnmíng	*adj. & adv.*	clear; clearly	17
179.	分享	fēnxiǎng	*v.*	to share	30
180.	丰富	fēngfù	*adj.*	abundant, a variety of something, rich	27
181.	丰厚	fēnghòu	*adj.*	rich and generous	30
182.	风景	fēngjǐng	*n.*	scenery	21、24
183.	风力	fēnglì	*n.*	wind power	17
184.	否则	fǒuzé	*conj.*	otherwise	21
185.	辅导	fǔdǎo	*n. & v.*	tutor; to tutor	16
186.	副	fù	*MW*	pair (for gloves, glasses)	26
187.	父母	fùmǔ	*n.*	parents	19
188.	附上	fùshàng	*v.*	to attach, to enclose	23
189.	复印件	fùyìnjiàn	*n.*	copy	23

G

230. 贵姓	guì xìng		May I ask your name? (respectful)	20
231. 国籍	guójí	*n.*	nationality	16
232. 果酱	guǒjiàng	*n.*	jam	21
233. 过敏	guòmǐn	*n.*	allergy	18
234. 过期	guò qī	*VO*	be overdue, to expire	28
235. 过去	guòqù	*n.*	the past	27

H

236. 海滩	hǎitān	*n.*	beach	29
237. 韩国	Hánguó	*PN*	South Korea	20
238. 航空	hángkōng	*n.*	aviation	19
239. 毫米	háomǐ	*MW*	millimeter(mm)	17
240. 好处	hǎochù	*n.*	advantage	18
241. 合算	hésuàn	*adj.*	cost-efficient, reasonable	21
242. 合同	hétong	*n.*	contract	22
243. 和谐	héxié	*adj.*	harmonious	30
244. 合作伙伴	hézuò huǒbàn		copartner	22
245. 很少	hěn shǎo		seldom	17
246. 后悔	hòuhuǐ	*v. & adj.*	to regret; regretful	21
247. 忽A忽B	hū A hū B		alternate between A to B	17
248. 沪	Hù	*PN*	Shanghai's abbreviation	28
249. 户口	hùkǒu	*n.*	registered permanent residence	23
250. 护士	hùshì	*n.*	nurse	16
251. 花园	huāyuán	*n.*	garden	20
252. 滑	huá	*v. & adj.*	to slip; slippery	28
253. 划船	huá chuán	*VO*	to row a boat	27
254. 画家	huàjiā	*n.*	painter	16
255. 化妆	huàzhuāng	*v.*	to make up	25
256. 坏	huài	*adj.*	broken (for machine), rotten (for fruit, milk)	21
257. 灰色	huīsè	*n.*	grey	17
258. 汇率	huìlǜ	*n.*	exchange rate	23
259. 会议	huìyì	*n.*	meeting	19
260. 会员	huìyuán	*n.*	member	27
261. 婚礼	hūnlǐ	*n.*	wedding	25
262. 婚纱	hūnshā	*n.*	bride's wedding dress	25
263. 火锅	huǒguō	*n.*	hot pot	25

J

264. 机场	jīchǎng	*n.*	airport	16、20

265. 机会	jīhuì	n.	opportunity	20、22
266. 鸡蛋	jīdàn	n.	egg	21
267. 几乎	jīhū	adv.	almost	21
268. 激烈	jīliè	adj.	intense	22
269. 级	jí	MW	degree for wind power	17
270. 急事	jíshì	n.	urgent affairs	19
271. 急急忙忙	jíjímángmáng	adv.	hurriedly	18
272. 集中	jízhōng	v.	to concentrate	17
273. 挤	jǐ	v. & adj.	to squeeze; crowded	20
274. 寄	jì	v.	to send (letter, parcel, etc.)	19、23
275. 记得	jìde	v.	to remember	26
276. 纪念	jìniàn	v.	to memorize	29
277. 技术	jìshù	n.	skill, technology	27
278. 继续	jìxù	v.	to continue	30
279. 加	jiā	v.	to add, plus	17
280. 加班	jiā bān	VO	work overtime	19
281. 加快	jiākuài	v.	to quicken	22
282. 佳	jiā	adj.	good (formal)	18
283. 家乡	jiāxiāng	n.	hometown	22
284. 价格	jiàgé	n.	price	24
285. 驾驶员	jiàshǐyuán	n.	driver	20
286. 肩	jiān	n.	shoulder	18
287. 坚持	jiānchí	v.	to persist in	30
288. 兼职	jiānzhí	n.	part-time job	22
289. 剪	jiǎn	v.	to cut (with scissors)	22
290. 简单	jiǎndān	adj.	simple	22
291. 简化	jiǎnhuà	v.	to simplify	23
292. 简历	jiǎnlì	n.	resume	22
293. 减肥	jiǎn féi	VO	to keep on a diet	18
294. 建设	jiànshè	n. & v.	construction; to construct	23
295. 健身房	jiànshēnfáng	n.	gym	18
296. 建议	jiànyì	n. & v.	suggestion; to suggest	26
297. 奖学金	jiǎngxuéjīn	n.	scholarship	23
298. 降水量	jiàngshuǐliàng	n.	rainfall	17
299. 教	jiāo	v.	to teach	22
300. 骄傲	jiāo'ào	n. & adj.	pride, conceit; proud, conceited	28、30
301. 脚	jiǎo	n.	feet	18
302. 饺子	jiǎozi	n.	dumpling	29
303. 较	jiào	adv.	comparatively	17
304. 教师	jiàoshī	n.	teacher (formal)	22
305. 教室	jiàoshì	n.	classroom	18
306. 教堂	jiàotáng	n.	church	29
307. 接近	jiējìn	v.	to be close to	24

308. 结果	jiéguǒ	*n.*	result	23
309. 结婚	jié hūn	*VO*	to marry	25
310. 结束	jiéshù	*v.*	to finish	29
311. 节日	jiérì	*n.*	festival	21
312. 解雇	jiěgù	*v.*	to fire	22
313. 紧张	jǐnzhāng	*adj.*	nervous	16
314. 进步	jìnbù	*n. & v.*	progress; to progress	30
315. 经常	jīngcháng	*adv.*	often	17
316. 经济	jīngjì	*n.*	economy	22
317. 经验	jīngyàn	*n.*	experience	22
318. 京剧	jīngjù	*n.*	Beijing opera	27
319. 经理	jīnglǐ	*n.*	manager	16
320. 精力	jīnglì	*n.*	energy	29
321. 景点	jǐngdiǎn	*n.*	sightseeing spot	24
322. 警察	jǐngchá	*n.*	policeman	21
323. 竞争	jìngzhēng	*n. & v.*	competition; to compete	22
324. 就业	jiùyè	*v.*	to obtain employment	22
325. 局部	júbù	*adj.*	part	17
326. 举行	jǔxíng	*v.*	to hold (activity)	25
327. 聚	jù	*v.*	to gather	29
328. 拒付	jù fù	*VO*	to refuse to pay	20
329. 拒载	jù zǎi	*VO*	to refuse to carry (passengers)	20
330. 俱乐部	jùlèbù	*n.*	club	23、27
331. 绝对	juéduì	*adj. & adv.*	absolute; absolutely	21
332. 军人	jūnrén	*n.*	soldier	29

K

333. 卡拉 OK	kǎlā OK	*n.*	karaoke	27
334. 开放	kāifàng	*adj.*	open, not conservative	20
335. 考虑	kǎolǜ	*v.*	to consider	22
336. 考试	kǎoshì	*n.*	examination	16
337. 靠	kào	*v.*	to depend on	30
338. 科学家	kēxuéjiā	*n.*	scientist	21
339. 咳嗽	késou	*n. & v.*	cough; to cough	18
340. 可靠	kěkào	*adj.*	reliable	17
341. 客户	kèhù	*n.*	client	23
342. 客人	kèren	*n.*	guest	25
343. 肯定	kěndìng	*adj. & adv.*	sure; certainly	19
344. 空	kōng	*adj.*	empty	18
345. 空气	kōngqì	*n.*	air	17
346. 空调	kōngtiáo	*n.*	air-conditioning	19

347.	口袋	kǒudài	n.	pocket	21
348.	口味	kǒuwèi	n.	taste	18
349.	口语	kǒuyǔ	n.	spoken language	21
350.	款	kuǎn	MW	type (formal)	21
351.	困难	kùnnan	n. & adj.	difficulty; difficult	19

L

352.	拉肚子	lā dùzi		to have loose bowels, to suffer from diarrhea (informal)	25
353.	篮球	lánqiú	n.	basketball	26
354.	懒	lǎn	adj.	lazy	27
355.	劳动节	Láodòng Jié	PN	International Labour Day (May 1)	29
356.	雷	léi	n.	thunder	17
357.	累	lèi	adj.	tired	16
358.	冷	lěng	adj.	cold	17
359.	离婚	lí hūn	VO	to divorce	25
360.	理发	lǐ fà	VO	to have a haircut	22
361.	理解	lǐjiě	v.	to comprehend	30
362.	理赔	lǐpéi	n.	settlement of claims	28
363.	礼物	lǐwù	n.	gift	19、25
364.	厉害	lìhai	adj.	marvelous, terrible	27
365.	历史	lìshǐ	n.	history	16
366.	利息	lìxī	n.	interest (for money)	23
367.	利用	lìyòng	v.	to make use of	27
368.	连	lián	prep.	even	19
369.	联系	liánxì	v.	to contact	28
370.	脸	liǎn	n.	face	18
371.	脸色	liǎnsè	n.	complexion	18
372.	练	liàn	v.	to practice	30
373.	凉快	liángkuai	adj.	cool	17
374.	聊天	liáo tiān	VO	to chat	16
375.	了解	liǎojiě	v.	to know well	16
376.	淋湿	línshī	VC	to drench	28
377.	零	líng	num.	zero	17
378.	流行	liúxíng	v. & adj.	be in vogue; fashionable	23
379.	留学	liuxué	v.	to study abroad	27
380.	弄	lòng	n.	alley, lane	20
381.	录音	lù yīn	VO	to record	21
382.	乱	luàn	adj.	messy	16
383.	乱收费	luàn shōufèi		arbitrary collection of fees	20
384.	伦敦	Lúndūn	PN	London	20

385. 罗马	Luómǎ	*PN*	Rome	20
386. 落后	luòhòu	*adj.*	lag behind	30
387. 旅行社	lǚxíngshè	*n.*	travel agency	20、24
388. 律师	lǜshī	*n.*	lawyer	16

M

389. 玛丽	Mǎlì	*PN*	Mary (name of a person)	23
390. 骂	mà	*v.*	to scold	29
391. 满意	mǎnyì	*adj.*	satisfied	28
392. 满足	mǎnzú	*v.*	satisfy	19
393. 玫瑰	méigui	*n.*	rose	25
394. 美元	měiyuán	*n.*	U.S. dollar	23
395. 门票	ménpiào	*n.*	entrance ticket	24
396. 秘诀	mìjué	*n.*	recipe; secret	30
397. 秘书	mìshū	*n.*	secretary	22
398. 密码	mìmǎ	*n.*	password	23
399. 蜜月	mìyuè	*n.*	honeymoon	25
400. 免	miǎn	*v.*	to be exempt from something	23
401. 免费	miǎnfèi	*adj.*	free of charge	21
402. 面包	miànbāo	*n.*	bread	21
403. 面试	miànshì	*n. & v.*	interview; to interview	22
404. 名牌	míngpái	*n.*	name brand	21
405. 墨尔本	Mò'ěrběn	*PN*	Melbourne	29
406. 某	mǒu	*pron.*	certain	22

N

407. 那么	nàme	*conj.*	then, in that case	18
		adv.	so	19
408. 闹洞房	nào dòngfáng	*VO*	to make fun of newlyweds	25
409. 能力	nénglì	*n.*	capability	21
410. 年龄	niánlíng	*n.*	age	16
411. 年轻	niánqīng	*adj.*	young	27
412. 年夜饭	niányèfàn	*n.*	family dinner of Spring Festival	19
413. 牛奶	niúnǎi	*n.*	milk	21
414. 纽约	Niǔyuē	*PN*	New York	29
415. 浓	nóng	*adj.*	strong	20
416. 农村	nóngcūn	*n.*	countryside	25
417. 努力	nǔlì	*adj. & adv.*	try hard	18
418. 暖和	nuǎnhuo	*adj.*	warm	17
419. 暖气	nuǎnqì	*n.*	heater	17

P

420.	爬	pá	*v.*	to climb	24
421.	牌子	páizi	*n.*	sign	16
422.	跑步	pǎo bù	*VO*	to run	18
423.	陪	péi	*v.*	to accompany	16
424.	赔款	péikuǎn	*n.*	indemnity	28
425.	培训	péixùn	*n. & v.*	training; to train	22
426.	培养	péiyǎng	*v.*	to train	27
427.	批准	pīzhǔn	*v.*	to approve	23
428.	皮肤	pífū	*n.*	skin	18
429.	拼音	pīnyīn	*n.*	Chinese phonetic system	30
430.	平均	píngjūn	*adj.*	average	17
431.	平时	píngshí	*n.*	usual time	20
432.	破	pò	*v. & adj.*	to be visibly wounded; broken (for clothes)	28

Q

433.	期	qī	*n.*	term	28
434.	骑	qí	*v.*	to ride	20
435.	其次	qícì	*adv.*	secondly (written)	18
436.	其实	qíshí	*adv.*	in fact	27
437.	齐全	qíquán	*adj.*	complete	21
438.	起床	qǐ chuáng	*VO*	to get up	18
439.	气候	qìhòu	*n.*	climate	17
440.	气温	qìwēn	*n.*	weather temperature	17
441.	气象台	qìxiàngtái	*n.*	observatory	17
442.	谦虚	qiānxū	*n. & adj.*	modesty; modest	30
443.	钱包	qiánbāo	*n.*	wallet	28
444.	前锋	qiánfēng	*n.*	forward	27
445.	欠债	qiàn zhài	*VO*	be in debt	23
446.	巧克力	qiǎokèlì	*n.*	chocolate	21、26
447.	亲戚	qīnqī	*n.*	relative	25
448.	清楚	qīngchu	*adj.*	clear	27
449.	轻便	qīngbiàn	*adj.*	portable	26
450.	轻轨	qīngguǐ	*n.*	light railway	20
451.	晴	qíng	*adj.*	fine	17
452.	情况	qíngkuàng	*n.*	situation, circumstances	16、22
453.	请柬	qǐngjiǎn	*n.*	invitation letter	25
454.	秋天	qiūtiān	*n.*	autumn	17
455.	求婚	qiú hūn	*VO*	to make an offer of marriage, to propose	25

456. 区别	qūbié	*n.*	difference	30
457. 取款	qǔ kuǎn	*VO*	to withdraw money	23
458. 取消	qǔxiāo	*v.*	to cancel	28
459. 全部	quánbù	*adj. & adv.*	whole	19
460. 全职	quánzhí	*n.*	full-time job	22
461. 劝	quàn	*v.*	to persuade	26
462. 却	què	*adv.*	but	21
463. 确定	quèdìng	*v.*	to determine	22

R

464. 绕道	rào dào	*VO*	to make a detour	20
465. 热	rè	*adj.*	hot	17
466. 热闹	rènao	*adj.*	lively	25
467. 热情	rèqíng	*adj.*	warm (attitude)	23
468. 热线	rèxiàn	*n.*	hotline	23
469. 人才	réncái	*n.*	a person with ability, talent	22
470. 人民币	rénmínbì	*n.*	RMB	23
471. 任何	rènhé	*pron.*	any	28
472. 日本	Rìběn	*PN*	Japan	20
473. 日语	Rìyǔ	*RN*	Japanese (language)	20
474. 容易	róngyì	*adj.& adv.*	easy; easily	17
475. 入境	rù jìng	*VO*	to enter a country	23

S

476. 赛	sài	*n.*	match	27
477. 赛马会	sàimǎhuì	*n.*	horse racing	29
478. 散步	sàn bù	*VO*	to go for a walk	28
479. 闪电	shǎndiàn	*n.*	lightning	17
480. 伤	shāng	*n. & v.*	wound; to be injured (could be internal)	28
481. 伤心	shāngxīn	*adj.*	sad	19
482. 商场	shāngchǎng	*n.*	shopping mall	21
483. 商店	shāngdiàn	*n.*	store, shop	21
484. 商量	shāngliang	*v.*	to discuss	24
485. 商人	shāngrén	*n.*	businessman	21
486. 商业区	shāngyèqū	*n.*	central business district	22
487. 上班	shàng bān	*VO*	on duty, to go to work	20
488. 上网	shàng wǎng	*VO*	to surf on the internet	21
489. 上学	shàng xué	*VO*	to go to school	20
490. 上旬	shàngxún	*n.*	the first ten days of a month	24
491. 上涨	shàngzhǎng	*v.*	to rise	24

535. 私	sī	*adj.*	private	20
536. 丝绸	sīchóu	*n.*	silk	24
537. 司机	sījī	*n.*	driver	16
538. 四季	sìjì	*n.*	four seasons	17
539. 送	sòng	*v.*	to see somebody off	16
540. 送别会	sòngbiéhuì	*n.*	farewell party	28
541. 俗语	súyǔ	*n.*	common saying	18
542. 速度	sùdù	*n.*	speed	22
543. 算	suàn	*v.*	to calculate	20
		v.	to consider to be	30
544. 碎	suì	*adj.*	broken into pieces	26
545. 所以	suǒyǐ	*conj.*	therefore	16
546. 所有(的)	suǒyǒu (de)	*adj.*	all of	26
547. 苏珊	Sūshān	*PN*	SuSan (name of a person)	23

T

548. T 恤	T xù	*n.*	T-shirt	25
549. 台风	táifēng	*n.*	typhoon	17
550. 态度	tàidù	*n.*	attitude	28
551. 摊位	tānwèi	*n.*	stall	21
552. 弹	tán	*v.*	to play (the piano, guitar, etc.)	22
553. 谈恋爱	tán liàn'ài	*VO*	to carry on a love affair	25
554. 汤圆	tāngyuán	*n.*	stuffed dumplings made of glutinous rice served in soup	29
555. 讨价还价	tǎo jià huán jià		to bargain	21
556. 特点	tèdiǎn	*n.*	characteristic	17
557. 特色	tèsè	*n.*	distinguishing feature	24
558. 提	tí	*v.*	to mention	19
559. 提供	tígōng	*v.*	to provide	20、21
560. 提前	tíqián	*v. & adv.*	to bring forward; in advance	20
561. 提醒	tíxǐng	*n. & v.*	reminding; to remind	24
562. 体育场	tǐyùchǎng	*n.*	stadium	16
563. 天空	tiānkōng	*n.*	sky	17
564. 天气	tiānqì	*n.*	weather	17
565. 条件	tiáojiàn	*n.*	qualification	22
566. 挑战	tiǎozhàn	*n. & v.*	challenge; to challenge	22
567. 跳舞	tiào wǔ	*VO*	to dance	27
568. 贴	tiē	*v.*	to stick	25
569. 听力	tīnglì	*n.*	aural comprehension	21
570. 挺	tǐng	*adv.*	quite	16
571. 通常	tōngcháng	*adv.*	usually	17

572.	通过	tōngguò	v.	to pass	22
573.	通知	tōngzhī	n. & v.	notice; to notify	19
574.	同时	tóngshí	adv.	at the same time	22
575.	同意	tóngyì	v.	to agree	23
576.	偷	tōu	v.	to steal	28
577.	头等舱	tóudĕngcāng	n.	first-class cabin	20
578.	头发	tóufa	n.	hair	18
579.	头疼	tóuténg	n.	headache	18
580.	投诉	tóusù	n. & v.	complaint; to complain	20
581.	投资	tóuzī	n. & v.	investment; to invest	22
582.	投资者	tóuzīzhĕ	n.	investor	22
583.	透支	tòuzhī	n. & v.	overdraft; to overdraft	23
584.	图书馆	túshūguăn	n.	library	17
585.	团	tuán	n.	group	24
586.	团聚	tuánjù	v.	to get together	27
587.	推	tuī	v.	to push	21
588.	推迟	tuīchí	v.	to delay	28
589.	推荐	tuījiàn	n. & v.	recommendation; to recommend	23
590.	退	tuì	v.	to return a purchase	19
591.	退休	tuìxiū	v.	to retire	20

W

592.	外地	wàidì	n.	parts of the country other than where one is	22
593.	外国	wàiguó	n.	foreign country	22
594.	外貌	wàimào	n.	appearance	16
595.	完成	wánchéng	v.	to finish	21
596.	完全	wánquán	adj. & adv.	complete; completely	16
597.	网络	wăngluò	n.	internet, network	30
598.	忘	wàng	v.	to forget	16
599.	旺季	wàngjì	n.	high season	24
600.	微风	wēifēng	n.	gentle breeze	17
601.	围巾	wéijīn	n.	scarf	26
602.	为了	wèile	prep.	in order to	27
603.	文化	wénhuà	n.	culture	16
604.	文章	wénzhāng	n.	essay	23
605.	稳定	wĕndìng	adj.	stable	23
606.	无论	wúlùn	conj.	no matter what (how)	21
607.	舞厅	wŭtīng	n.	ballroom	16
608.	雾	wù	n.	fog	17

X

609. 膝盖	xīgài	*n.*	knee	18
610. 西服	xīfú	*n.*	a suit	25
611. 西医	xīyī	*n.*	western medicine (practice), western medicine doctor	18
612. 悉尼	Xīní	*PN*	Sydney	29
613. 希望	xīwàng	*n. & v.*	hope; to hope	22
614. 吸引	xīyǐn	*v.*	to attract	22
615. 习惯	xíguàn	*n. & v.*	habit; to get used to	18、21
616. 习俗	xísú	*n.*	custom	29
617. 喜酒	xǐjiǔ	*n.*	wedding dinner	25
618. 洗衣店	xǐyīdiàn	*n.*	laundry	29
619. 系	xì	*n.*	department of a university	22
620. 夏	xià	*n.*	summer	17
621. 下巴	xiàba	*n.*	chin	18
622. 下班	xià bān	*VO*	off duty	18
623. 下旬	xiàxún	*n.*	the last ten days of a month	24
624. 下雨	xià yǔ	*VO*	to rain	17
625. 鲜	xiān	*adj.*	fresh	26
626. 显示器	xiǎnshìqì	*n.*	displayer	30
627. 羡慕	xiànmù	*v.*	to admire	23
628. 现象	xiànxiàng	*n.*	phenomenon	20
629. 限制	xiànzhì	*n. & v.*	restriction; to restrict	23
630. 相	xiāng	*adv.*	each other, one another	17
631. 相同	xiāngtóng	*adj.*	same	24
632. 乡下	xiāngxià	*n.*	countryside	30
633. 详细	xiángxì	*adj. & adv.*	detailed; in detail	17、24
634. 像	xiàng	*v.*	to resemble, to be alike	17
635. 消息	xiāoxi	*n.*	information	19
636. 小孩子	xiǎoháizi	*n.*	child	19
637. 小说	xiǎoshuō	*n.*	novel	19
638. 小偷	xiǎotōu	*n.*	thief	28
639. 小心	xiǎoxīn		be careful	28
640. 效率	xiàolǜ	*n.*	efficiency	18
641. 新加坡	Xīnjiāpō	*PN*	Singapore	16
642. 新郎	xīnláng	*n.*	groom	25
643. 新娘	xīnniáng	*n.*	bride	25
644. 新人	xīnrén	*n.*	newlyweds	25
645. 新闻	xīnwén	*n.*	news	27
646. 欣赏	xīnshǎng	*v.*	to enjoy	24

647. 薪水	xīnshuǐ	*n.*	salary, wage	22
648. 信心	xìnxīn	*n.*	confidence	19
649. 行程	xíngchéng	*n.*	schedule	24
650. 行李	xínglǐ	*n.*	luggage	27
651. 型号	xínghào	*n.*	model, type	21
652. 幸福	xìngfú	*adj.*	happy	25
653. 胸	xiōng	*n.*	chest	18
654. 修理	xiūlǐ	*v.*	to repair	28
655. 续	xù	*v.*	to continue	28
656. 选	xuǎn	*v.*	to elect	28
657. 选项	xuǎnxiàng	*n.*	option	21
658. 选择	xuǎnzé	*n. & v.*	choice; to choose	18
659. 学历	xuélì	*n.*	education background	22
660. 学期	xuéqī	*n.*	semester	18
661. 学习	xuéxí	*n. & v.*	learning, study; to learn, to study	16
662. 雪	xuě	*n.*	snow	17

Y

663. 压岁钱	yāsuìqián	*n.*	money given to children as a lunar New Year gift	29
664. 牙疼	yáténg	*n.*	toothache	18
665. 牙医	yáyī	*n.*	dentist	27
666. 严格	yángé	*adj.*	strict	23
667. 沿海	yánhǎi	*adj.*	coastal	17
668. 研究	yánjiū	*n. & v.*	research; to research	21
669. 眼睛	yǎnjing	*n.*	eye	18
670. 眼力	yǎnlì	*n.*	judgment, taste	21
671. 演员	yǎnyuán	*n.*	actor	27
672. 腰	yāo	*n.*	waist	18
673. 要求	yāoqiú	*n. & v.*	request; to demand	19、22
674. 药	yào	*n.*	medicine	17、18
675. 要是	yàoshì	*conj.*	if, suppose	20
676. 野餐	yěcān	*n.*	picnic	27
677. 夜间	yèjiān	*n.*	night	17
678. 也许	yěxǔ	*adv.*	maybe	22
679. 医生	yīshēng	*n.*	doctor	16
680. 医院	yīyuàn	*n.*	hospital	18
681. 一贯	yíguàn	*adj.*	consistent	29
682. 一系列	yí xìliè		a series of	21
683. 仪式	yíshì	*n.*	ceremony	29
684. 以上	yǐshàng	*n.*	over	24

685.	以为	yǐwéi	v.	to think (wrongly)	19
686.	一般	yìbān	adj. & adv.	ordinary; usually	17、18、21
687.	一边	yìbiān	adv.	at the same time, simultanously	16
688.	一直	yìzhí	adv.	always	17
689.	意大利	Yìdàlì	PN	Italy	20
690.	意见	yìjiàn	n.	opinion	26
691.	阴	yīn	adj.	overcast	17
692.	阴历	yīnlì	n.	lunar calendar	29
693.	音乐	yīnyuè	n.	music	21
694.	音乐会	yīnyuèhuì	n.	concert	27
695.	银色	yínsè	n.	silver	21
696.	印象	yìnxiàng	n.	impression	20
697.	英国	Yīngguó	PN	England	16
698.	迎接	yíngjiē	v.	to welcome	25
699.	营业	yíngyè	n. & v.	opening hours (for shops); to be open	21
700.	影响	yǐngxiǎng	n. & v.	influence; to influence	25
701.	应聘	yìngpìn	v.	to go for a job interview	22
702.	勇敢	yǒnggǎn	adj.	brave	29
703.	油	yóu	adj.	oily	18
704.	游泳	yóu yǒng	VO	to swim	18
705.	由于	yóuyú	prep.	due to	28
706.	有时	yǒushí	adv.	sometimes	17
707.	有时候	yǒushíhou	adv.	sometimes, occasionally	16
708.	有限	yǒuxiàn	adj.	finite	20
709.	游行	yóuxíng	n. & v.	parade; to parade	29
710.	友谊	yǒuyì	n.	friendship	26
711.	愉快	yúkuài	adj.	happy	24
712.	语言	yǔyán	n.	language	21
713.	预报	yùbào	n.	forecast	17
714.	预约	yùyuē	n. & v.	booking; to book	20
715.	元旦	Yuándàn	PN	January 1	29
716.	元宵节	Yuánxiāo Jié	PN	the Lantern Festival (15th of the 1st lunar month)	29
717.	原来	yuánlái	adj. & adv.	original; originally	19
718.	愿意	yuànyì	AV	be willing	27
719.	约	yuē	adv.	about, approximately	17
			v.	to make an appointment	27
720.	月饼	yuèbǐng	n.	moon cake	29
721.	越来越	yuèláiyuè		more and more	20
722.	运动	yùndòng	n.	sports	18

Z

760. 中医	zhōngyī	*n.*	Chinese medicine (practice), Chinese medicine doctor	18
761. 中药	zhōngyào	*n.*	Chinese traditional medicine	18
762. 重	zhòng	*adj.*	crucial	17
763. 重要	zhòngyào	*adj.*	important	16
764. 周到	zhōudào	*adj.*	considerate	20
765. 朱丽	Zhū Lì	*PN*	name (of a person)	16
766. 主人公	zhǔréngōng	*n.*	protagonist	30
767. 主任	zhǔrèn	*n.*	director	22
768. 主要	zhǔyào	*adj.*	main	24
769. 主意	zhǔyì	*n.*	idea	26
770. 祝	zhù	*v.*	to wish	25
771. 住宿	zhùsù	*n.*	accommodation	24
772. 注意	zhùyì	*v.*	to pay attention to	17
773. 抓	zhuā	*v.*	to catch	28
774. 专业	zhuānyè	*n.*	specialty, major at a university	27
775. 转	zhuǎn	*v.*	to transfer	17
776. 撞	zhuàng	*v.*	to bump, to strike into	28
777. 滋味	zīwèi	*n.*	flavour	23
778. 仔细	zǐxì	*adj.*	careful	24
779. 字幕	zìmù	*n.*	subtitle	27
780. 自然	zìrán	*n. & adj.*	nature; natural	30
781. 自行车	zìxíngchē	*n.*	bicycle	20
782. 自由	zìyóu	*n. & adj.*	freedom; free	20
783. 自助	zìzhù	*n.*	self-help, self-service	24
784. 总是	zǒngshì	*adv.*	always	17
785. 粽子	zòngzi	*n.*	a pyramid-shaped dumpling made of glutinous rice wrapped in bamboo or reed leaves	29
786. 走亲访友	zǒuqīn fǎngyǒu		visit relatives and friends	20
787. 足球	zúqiú	*n.*	soccer	26、27
788. 嘴	zuǐ	*n.*	mouth	18
789. 遵守	zūnshǒu	*v.*	to abide by	20
790. 尊重	zūnzhòng	*v.*	to respect	26
791. 作风	zuòfēng	*n.*	style	29
792. 作家	zuòjiā	*n.*	writer	16
793. 作业	zuòyè	*n.*	homework	16

感谢您选择《跟我学汉语·综合课本》一书！为了使本教材更加完善，请就相关问题填写下表提出您的宝贵意见或建议，以便我们加以改进，谢谢您的支持！表格请寄至：上海交通大学国际教育学院沈玮收，邮政编码200030；或发电子邮件至：wshen@sjtu.edu.cn。

读者意见反馈表

您的资料(或者附上名片)：

姓名：＿＿＿＿＿＿＿　　　性别：＿＿＿＿＿＿＿　　　　　年龄：＿＿＿＿＿＿＿

国籍：＿＿＿＿＿＿＿　　　居住地：＿＿＿＿＿＿＿　　　学历：＿＿＿＿＿＿＿

联系方式：＿＿＿＿＿＿＿＿＿＿＿＿＿＿　　电子邮件：＿＿＿＿＿＿＿＿＿＿＿＿＿＿＿

1. 您是从哪里知道本教材的？＿＿＿＿＿
   A. 书店　　　B. 媒体推荐　　　C. 老师推荐　　　D. 朋友推荐　　E. 网络　　F. 其他(请注明)＿＿＿＿

2. 您从哪里购买了本教材？＿＿＿＿＿
   A. 书店　　　B. 学校　　　C. 图书销售网站　　　D. 其他＿＿＿＿

3. 促使您决定购买本教材的因素(可多选)：＿＿＿＿＿
   A. 书名　　　B. 装帧设计　　　C. 内容提要、前言或目录　　　　D. 全书加注拼音　　E. 本书话题
   F. 本书教法　　G. 价格　　　H. 出版社名气　　　　　　　　I. 其他＿＿＿＿

4. 您购买本教材的主要目的是什么？＿＿＿＿＿
   A. 做学校教材　　　B. 个别辅导留学生　　　C. 自己学习汉语　　　D. 孩子学习汉语　　　E. 其他

5. 您对本教材的总体印象如何？
   A. 满意　　　　　B. 基本满意　　　　　C. 不满意
   您对本教材以下各方面评价如何？(可多选)
   全书加注拼音＿＿＿＿　A. 对学习汉语很有帮助　　B. 一般　　　C. 没有多大帮助
   课文内容：＿＿＿＿　A. 丰富　　　B. 单薄　　C. 实用　　　D. 不太实用
   生词学习方式＿＿＿＿　A. 对学习汉语很有帮助　　B. 一般　　　C. 没有多大帮助
   语言点解释＿＿＿＿　A. 对学习汉语很有帮助　　B. 一般　　　C. 没有多大帮助
   练习数量＿＿＿＿　A. 合适　　　B. 有点多　　C. 有点少
   练习形式＿＿＿＿　A. 丰富　　　B. 实用　　C. 一般　　　D. 单调
   光盘中 mp3 录音：＿＿＿＿　A. 语速适中　　B. 语速快　　C. 语速慢　　D. 应有不同语速

6. 您认为本教材最令您满意的是哪方面？
   ＿＿＿
   ＿＿＿

7. 您认为本教材哪些内容用处不大？
   ＿＿＿
   ＿＿＿

8. 您认为本教材还应该增加哪些方面的内容？
   ＿＿＿
   ＿＿＿

9. 您发现本教材有何错漏之处？(请写明页码、行数)
   ＿＿＿
   ＿＿＿

10. 您还有哪些意见和建议？
   ＿＿＿
   ＿＿＿

Dear Sir or Madam:

Thank you for your choice of ***chinese with me: An Integrated Course Book***. We appreciate that you fill out the following *Questionnaire* and your cooperation may be of great help to improve this book in the next edition. Please mail this *Questionnaire* directly to Ms Cindy Shen, School of International Education, Shanghai Jiaotong University, Shanghai, China, Zip code 200030, or e-mail it with your opinions to: wshen@sjtu.edu.cn.

Please present your business card; or just fill in the following:

Name: _____ Gender: _____ Age: _____

Nationality: _____ E-mail address: _____

Address to contact: _____

Questionnaire

1. I get to know this book _____.
   A. from book store B. by media C. through teacher(s) D. through friend(s)
   E. on internet F. through other ways (please denote): _____

2. I got this book from _____.
   A. book store B. school C. online purchase D. other sources _____

3. The reason why I turned to this book is because of _____.
   A. the book title B. the book design C. the description for users, the preface, and/or the content lists
   D. phonetic annotation of the whole book E. speech topics in the book F. pedagogy that the book may adopts
   G. the price H. the fame of the press I. others _____.

4. The purpose that I bought this book is to use it as a _____.
   A. course book at school B. course book for my student
   C. self-taught course book D. book for my kids E. book for other use _____

5. My general impression on this book is _____.
   A. very satisfactory B. satisfactory C. not satisfactory

   My comments on this book are as follows:
   Phonetic annotation of the whole book: _____ A. very helpful B. mediocre C. not helpful
   Coverage of each unit: _____ A. abundant B. thin in content C. pragmatic D. not pragmatic
   New words learning: _____ A. very helpful B. mediocre C. not helpful
   Language points: _____ A. very helpful B. mediocre C. not helpful
   Exercise quantity: _____ A. just ok B. a bit more C. a bit less
   Exercise variety: _____ A. rich B. pragmatic C. mediocre D. monotonous
   CD speech velocity: _____ A. appropriate B. fast C. slow D. it needs a versatile speed

6. The most satisfactory segments of this book I think are as follows:
   _____
   _____

7. I think the following segments of the book are not pragmatic:
   _____
   _____

8. I suggest that the following contents be added in this book:
   _____
   _____

9. I have found out some errors in the book.(with line and page numbers)
   _____
   _____

10. I have some further comments and suggestions:
   _____
   _____